高校师范生
劳动教育实践路径研究

丁　静/著

吉林大学出版社
·长　春·

图书在版编目（CIP）数据

高校师范生劳动教育实践路径研究 / 丁静著 . 长春：吉林大学出版社，2024. 5. -- ISBN 978 - 7 - 5768 - 2858 - 0

Ⅰ. G40 - 015

中国国家版本馆 CIP 数据核字 2024K9Y154 号

书　　名　高校师范生劳动教育实践路径研究
　　　　　GAOXIAO SHIFANSHENG LAODONG JIAOYU SHIJIAN LUJING YANJIU

作　　者　丁　静
策划编辑　李承章
责任编辑　李适存
责任校对　孙宇辛
装帧设计　贝壳学术
出版发行　吉林大学出版社
社　　址　长春市人民大街 4059 号
邮政编码　130021
发行电话　0431 - 89580036/58
网　　址　http：//www. jlup. com. cn
电子邮箱　jldxcbs@ sina. com
印　　刷　凯德印刷（天津）有限公司
开　　本　787mm × 1092mm　1/16
印　　张　10
字　　数　170 千字
版　　次　2024 年 5 月　第 1 版
印　　次　2024 年 5 月　第 1 次
书　　号　ISBN 978 - 7 - 5768 - 2858 - 0
定　　价　58. 00 元

序　言

劳动是中华民族的传统美德,是人类社会发展的重要动力。劳动教育是中国特色社会主义教育的重要内容，肩负着培养社会主义建设者和接班人的历史使命。高校师范生作为未来教书育人的主力军，他们的劳动观念和劳动素养不仅影响着他们如何实现专业发展和个人价值，更关系到他们能否承担起为党育才、为国育人的神圣使命。所以，开展高校师范生的劳动教育实践路径研究工作具有重要意义。

编者所在的衢州学院教师教育学院具有百年师范办学历史，办学渊源可追溯到1912年的小学教员养成所，经过几代人百余年的建设与发展，学院已发展成为以教师教育为特色的学院，在师范生培育方面积累了一定的经验，开展了一些有益的探索。为进一步加强新时代师范生劳动教育工作，增强高校师范生劳动教育工作的实效，本书围绕高校师范生劳动教育实践路径开展研究，分为六章17节，采用文献研究法和实证研究法进行探索与研究，以学校教育、家庭教育、社会教育和师范生自我教育等视角探索师范生劳动教育实践路径，希望能对进一步完善师范生劳动教育尽绵薄之力。第一章由劳动教育相关概念界定、内容特征、意义价值组成。第二章讨论了高校劳动教育的发展成效、存在问题，在对现存问题的成因进行分析后，发现在以下四个方面比较突出：高等院校劳动教育体系偏颇，家庭、家风、家教失范，社会文化冲击偏轨，学生主体价值虚化。由此，本书的后四章分别从学校教育、家庭教育、社会教育、自我教育四个维度，提出劳动教育实践路径解决方案，其中第三章论述学校教育维度，从劳动教育的师资体系、课程体系和保障体系分析师范生劳动教育的主导实践路径，第四章论述家庭教育维度，从家庭环境建设、家庭教育开展、优秀家风营造分析师范生劳动教育的基础实践路径，第五章论述社会教育维度，从重构崇尚劳动的社会风尚、重建社会劳动的基础功能、重塑劳动育人的精神共识分析师范生劳动教育的拓展实践路径，第六章论述自我教育维度，从自我养成、践行实践和终身持守三个方面分析师范生劳动教育的内在实践路径。

在编写本书的过程中，笔者学习、参考和借鉴了一些优秀的文献，再次谨向相关作者和出版单位表示衷心的感谢！笔者与学生团队一起开展了多轮调研，积累了诸多思考，但由于自身学识水平有限，书中难免存在不足之处，恳请广大读者批评指正。

丁　静

2024 年 3 月

目　录

第一章　劳动教育概述

劳动是中华民族的传统美德，是人类社会发展的重要动力。劳动教育是中国特色社会主义教育制度的重要内容，肩负着培养社会主义建设者和接班人的历史使命。作为师范生，他们的劳动观念和劳动素养不仅影响着个人发展和个人价值，更关系到他们能否承担起为党育才、为国育人的神圣使命。① 如何正确认识新时代高校师范生劳动教育的时代价值，明确新时代高校师范生劳动教育的内涵、特征、发展现状，建构新时代高校师范生劳动教育的实施路径，从而构建德智体美劳全面发展的教育体系。

第一节　相关概念界定

一、劳动

“劳动”一词，由来已久，其概念在经历了古今中外多个学科多个领域的发展演化后，有了不同含义。而我们重点不是去重新定义“劳动”，而是在梳理“劳动”释义的基础上提出自己的观点。

从词源学的角度来看，在我国古代思想中，劳动一词最初是“操作、活动”的意思。《庄子·让王》中记载：“春耕种，形足以劳动”。②《文史

① 张铭凯，王潇晨．师范生劳动教育：价值诉求、核心内容与基本方略［J］．黑龙江高教研究．2020（12）：17－21

② 庄子［M］．北京：中华书局，2010：483.

哲百科词典》[①] 和《教育大辞典》认为劳动是“劳动力的使用和消费”。《现代汉语词典》（第7版）把劳动看成是人类创造物质或精神财富的活动；专指体力劳动；进行体力劳动。[②]《辞海》则认为劳动是人们改变劳动对象使之适合自己需要的有目的的活动，即劳动力的支出或使用；操作；活动；专指体力劳动。[③]《中国大百科全书・哲学》认为劳动是人类特有的基本的社会实践活动，也是人通过有目的的活动改造自然对象，并在这一活动中改造人自身的过程；体现了人与自然、人与人两方面关系的统一。[④] 牛津高级英汉双解词典认为劳动是“体力劳动，奋斗努力工作，干苦力活；分娩，生产等”。[⑤] 由此可以看出，对于劳动的概念和定义在一定程度上均偏重于体力劳动，并且随着社会的发展，劳动的内涵也在不断深化。

从学科的角度来看，不同学者从社会学、政治经济学、哲学、教育学、生理学等不同学科领域对劳动进行过研究，而本书侧重认同哲学视角、政治经济学视角和教育学视角的三维视角来看待劳动。[⑥] 哲学视角认为劳动是主体、客体和意义的集成体。马克思主义劳动学说强调劳动是人的本质，是人的自我实现，劳动创造了人和人类社会，存在于每一个社会历史发展阶段中。政治经济学视角认为劳动者是劳动的主体，劳动创造价值，包括显性价值和隐性价值，劳动不仅包括生产劳动也包括消费劳动。人类的消费活动与劳动相互作用，相互渗透，消费活动既为劳动服务，又是劳动的前提和基础。劳动是商品价值的唯一来源，不同形式的具体劳动主要决定商品的使用价值，而凝结在商品中的一般的、无差别的抽象劳动则是形成商品价值的唯一源泉。教育学视角认为劳动创造知识，教育关乎未来，教育需要和生产

---

① 高清海．文史哲百科词典［M］．吉林大学出版社，1988：340.

② 中国社会科学院语言研究所词典编辑室．现代汉语词典（第7版）［M］．北京：商务印书馆，2016：780.

③ 舒新城．辞海［M］．上海出版社，2009：95.

④ 中国大百科全书总编辑委员会，哲学编辑委员会．中国大百科全书・哲学［M］．北京：中国大百科全书出版社，1987：385.

⑤ A S Hornby. 牛津高级英汉双解词典（第7版・大字本）［M］．王玉章，赵翠莲，邹晓玲等译．北京：商务印刷馆，2010：1126.

⑥ 胡君进，檀传宝．马克思主义的劳动价值观与劳动教育观——经典文献的研析［J］．教育研究，2018（5）：9-26.

劳动与社会实践相结合，任何脱离实践、忽视劳动的教育都是不利于学生的成长和发展的。学习者需要走进各行各业的生产实践中，实现学以致用，知行合一。由此可以看出，劳动在不同学科视角下具有独特的学科特性和显著的学科差异。

进入新时代，劳动的内涵和外延发生了新变化，虚拟劳动、数字劳动、创造性劳动、情绪劳动等新的劳动形态开始出现，体力劳动降低，脑力劳动增加，人的服务性、复合性、创造性劳动的重要价值和功用不断凸显，吃苦、奋进、奉献精神成为新时代劳动的精神内涵。

综上所述，我们对于劳动的认识和理解需要紧跟时代发展步伐，通过哲学视角、经济学视角和教育学视角的三维视角来把握新时代下劳动是人类生产和发展的必然活动，是人类社会进步的重要动力源泉，是人类特有的基本社会实践活动这一内涵，从而理解劳动的内涵和外延的变化。

二、劳动教育

和“劳动”一样，“劳动教育”的含义也是随着时代发展而不断深化完善的，理解劳动教育的含义，需要着眼于我国的社会发展状况，结合社会发展的时代视角来看。

在一定时期内，我国曾将劳动教育作为德育的组成部分和重要内容，在 1949 年《中国人民政治协商会议共同纲领》中最早将“爱劳动”作为社会公德教育的基本内容之一。1954 年《关于改进和发展中学教育的指示》明确将劳动教育纳入政治思想教育当中，作为学校德育的组成部分，此后 1982 年的《全日制五年制小学思想品德课教育大纲（试行草案）》、2011 年的《义务教育思想品德课程标准》也都将劳动教育纳入思政教育中，《中国大百科全书 · 教育》中定义劳动教育为德育的重要内容。虽然将劳动教育作为德育的附属内容具有历史局限性，但对于德育的发展具有重要推动作用。

我国还曾学习苏联模式的技术教育，将劳动与教育相结合，将劳动教育作为“五育”之一的劳动技术教育。1982 年《关于普通中学开设劳动技术课的试行意见》、2001 年教育部《基础教育课程改革纲要（试行）》强调开展劳动技术教育，与德育、智育、体育、美育共同作为全面发展教育的内容，这也是我国推进马克思主义中国化的成果。

党的十八大以来，习近平总书记在继承与发展前人劳动教育理论的同时，结合时代背景提出了劳动教育的新观点。首先，强调劳动的意义价值。“人世间的一切幸福都需要靠辛勤的劳动来创造”①，强调要用科学的态度对待劳动，在全社会弘扬劳模精神和工匠精神等。其次，重视劳动创新意识的培养。强调大力实施创新驱动发展战略，切实把创新抓出成效，建立健全国家创新体系。最后，重视劳动教育的育人作用。“要始终高度重视提高劳动者素质，培养宏大的高素质劳动者大军”②，把提升劳动者素质置于事关国家和民族的长远发展、事关广大劳动群众根本利益的高度。劳动教育作为一种教育活动，被大家普遍认为具有让学生受教育、获成长的价值功能。2020年3月，中共中央、国务院印发的《关于全面加强新时代大中小学劳动教育的意见》指出劳动教育的基本内涵是“劳动教育是国民教育体系的重要内容，是学生成长的必要途径，具有树德、增智、强体、育美的综合育人价值。”③ 2020年7月，教育部印发的《大中小学劳动教育指导纲要（试行）》规定劳动教育的内涵为：“劳动教育是发挥劳动的育人功能，对学生进行热爱劳动、热爱劳动人民的教育活动。”④ 参与劳动不等同于劳动教育，而是应该依托、强调、激发劳动本身的教育性和实践性，促使受教育者形成正确的劳动价值观念、获得强健的劳动体魄和高水平的劳动生产技能，养成良好的劳动习惯、锻造高尚的劳动精神、形成完善的劳动人格，从而达到育人于勤、授人于技、教人生活的教育目的。

综上所述，劳动教育的概念随着时代的发展经历了由初级到高级、由简单到复杂的变化过程。新时代赋予了劳动教育新的内涵，本书所理解的

---

① 习近平．人民对美好生活的向往就是我们的奋斗目标［N］．人民日报，2012－11－16.

② 习近平．在庆祝“五一”国际劳动节暨表彰全国劳动模范和先进工作者大会上的讲话［N］．人民日报，2015－04－29（02）.

③ 中共中央 国务院关于全面加强新时代大中小学劳动教育的意见［EB/OL］．［2020－03－20］．https：//www. gov. cn/gongbao/content/2020/content_5501022. html.

④ 教育部关于印发《大中小学劳动教育指导纲要（试行）》的通知［EB/OL］．［2020－07－09］．http：//www. moe. gov. cn/srcsite/A26/jcj_ kcjcgh/202007/t20200715_472808. html.

"师范生劳动教育"是依据《关于全面加强新时代大中小学劳动教育的意见》和《大中小学劳动教育指导纲要（试行）》的政策指引，以师范生为教育主体开展的劳动教育，目的是促使师范生树德、增智、强体、育美。具体是指，劳动教育与德育、智育、体育、美育共同作为国民教育体系重要内容，师范生作为未来教书育人的主力军，他们如何理解劳动和劳动教育，不仅关系到他们将来能否在教书育人中实现个人专业发展和个人价值，更关系到他们能否真正承担起为党育才、为国育人的神圣使命。

第二节 新时代劳动教育的内容和特征

劳动教育是学生成长发展的重要路径，具有综合育人价值。合理构建高校师范生劳动教育的内容体系，是劳动教育实施的主要内容，将直接影响大学生的劳动价值取向、劳动技能水平和劳动精神风貌。

一、基本内容

（一）劳动价值观教育

劳动价值观是指在个人和社会层面上对于劳动的根本观点和总的看法，是新时代高校劳动教育内容的首要内容，也是所有劳动教育内容中最核心的部分。树立并形成正确的劳动价值观，不仅关乎个人的生活质量，更关乎社会的整体福祉。2020 年 3 月，中共中央、国务院发布的《关于全面加强新时代大中小学劳动教育的意见》指出，"通过劳动教育，使学生能够理解和形成马克思主义劳动观，牢固树立劳动最光荣、劳动最崇高、劳动最伟大、劳动最美丽的观念"。[①] 这一定位是对马克思关于劳动创造世界、创造历史、创造人本身的劳动价值观的继承与发扬，也是对当前社会中的拜金主义、享乐主义等不良思潮的拨乱反正。故而，高校要积极引导大学生自觉接受劳动锻炼与劳动教育，理解劳动的时代意蕴与本质，全面提升劳动素养，树立"劳动最光荣、劳动最崇高、劳动最伟大、劳动最美丽"的四最劳动价值

① 中共中央 国务院关于全面加强新时代大中小学劳动教育的意见［N］. 人民日报，2020-3-27.

观，倡导大学生参与到社会建设的劳动实践中，实现个人价值和社会价值。

其一，劳动最光荣。高校要积极引导学生认识到劳动者的主体地位。我国是人民当家作主的国家，任何人任何时期都不能抹杀劳动者的地位与价值。然而，随着现代文化娱乐与社交网络平台的兴起，部分大学生认为网络经济既赚钱较快，又不须要做过多体力劳动，于是看不起一线工人、农民工等，这种错误的思想观念亟待多元主体形成强大的育人合力，帮助大学生矫正这种错误的观点。诚如习近平总书记强调，劳动是没有高低贵贱之分的，每一份工作都是光荣的。① 因此，唯有劳动光荣的观念浸润心灵才能焕发新时代大学生的劳动精神，并让大学生以更大的热情投入社会劳动，从而实现更高的价值。

其二，劳动最崇高。崇高的劳动精神源于崇高的劳动者，新时代涌现出劳动模范、大国工匠、最美教师等，他们用自身的行为诠释着何谓劳动精神。作为新时代的高校大学生，更要弘扬与继承劳动精神，无论做任何工作都要脚踏实地、勤奋努力，树立远大的理想，并将个人梦与“中国梦”相融合，敢于担当时代的重任。具体而言，大学生不仅要专注于自身的专业学习，不断地提升自身理论与实践能力，认真对待工作与生活，更要有甘于奉献的精神品质。比如部分大学生只认识到要通过劳动促进个人发展，实现个人价值，但是忽视了评价人生价值的基本尺度是通过劳动为社会做出了多少贡献。此外，高校要加强大学生劳动精神培养，让大学生深刻理解劳动是我们生存于世界的神圣活动，并以此作为引领大学生的价值取向，从而促进大学生全面发展。

其三，劳动最伟大。马克思认为，劳动创造对社会的进步与发展起到重要推动作用。在新时代背景下，要想懂得劳动最伟大必须让大学生明确认识两点：一是伟大事业是由劳动创造的。习近平总书记指出：“我们所处的时代是催人奋进的伟大时代，我们进行的事业是前无古人的伟大事业，我们正在从事的中国特色社会主义事业是全体人民的共同事业。”② 深刻理解中华人民共和国成立以来取得的伟大成就是由劳动所创造的，中国特色社会主义

---

① 习近平．“平语”近人——习近平的“劳动观”[N/OL]．新华网，(2017－05－01)[2024－01－09]．http：//www.xinhuanet.com/politics/2017－05/01/c_1120892090.htm.

② 习近平．在庆祝“五一”国际劳动节暨表彰全国劳动模范和先进工作者大会上的讲话[N]．人民日报，2015－04－29 (02).

的“大厦”是由一砖一瓦砌成的，人民美好的幸福生活是由一点一滴创造的。如在抗击新冠疫情的斗争中，钟南山、李兰娟等医务工作者、疾控工作者、公安民警等不仅承受了难以想象的心理与身体压力，更凸显了其自身的价值，做出了巨大的贡献，是新时代最可爱的人。二是树立大学生正确的人生导向。高校要积极引导大学生形成正确的“梦想”，通过劳动教育使大学生崇尚劳动模范，学习劳模精神，感受劳动者的伟大与崇高等，使劳动最伟大成为新时代的有力强音。

其四，劳动最美丽。高校要让学生明白劳动过程是人们按照美的规律改造世界的过程，是最能体现审美精神与人的本质力量的活动，以此懂得“劳动最美丽”。中华民族是善于创造的民族，全体人民勠力同心建设中国特色社会主义现代化强国，不断开创历史新格局，释放创造潜能，在劳动中建成了今天的美丽国家。通过劳动教育让大学生树立“劳动最美丽”的劳动价值观，见证、感悟普通劳动者的美丽，明白“不劳动可耻、不劳动低劣、不劳动渺小、不劳动丑陋”的道理。①

（二）劳动知识技能教育

劳动知识技能教育是高校劳动教育内容体系的第二部分内容，也是高校劳动教育实施开展的重要载体。根据《大中小学劳动教育指导纲要（试行)》，大学生劳动知识技能教育主要包含三个维度。

首先，教育指导师范生形成基础劳动技能。基础劳动技能具有通用性强、迁移力强的特点，是指在教育知识体系中占据基础地位的教育观念理论、实践知识的统称。如了解掌握劳动法律法规，提升自身劳动法律法规的意识，具备劳动权益维护的基本能力；如日常生活的劳动技能，自立自强意识，正确使用常见劳动工具，掌握相关技术，感受劳动创造价值，增强产品质量意识，提升团队合作能力。

其次，教育指导师范生学好专业性劳动知识技能。高校要立足师范生的专业特色，结合教育教学改革的时代趋势和前沿知识，建立稳定的教育教学实践基地，通过开展教育教学实习实践，提升师范生解决教育教学问题的专

---

① 严怡，石定芳．新时代高校劳动教育指导［M］．重庆：西南大学出版社，2022：48－52.

业劳动技能。

最后，教育指导师范生形成服务性劳动技能。高校应为师范生建立多渠道的志愿服务、公益劳动平台，让师范生深入乡村教学和中小学生一线，利用知识技能为学生和社会提供服务，在志愿服务岗位和社会实践中成长，树立服务意识，实践服务技能，强化社会责任感。

（三）劳动精神教育

劳动精神作为一种人文精神，反映了人民群众对待劳动的精神面貌，劳动精神教育旨在让青年学生形成正确的劳动意识和良好的劳动品德，形成尊重劳动、热爱劳动、崇尚劳动的劳动态度。

一方面，高校要教育指导学生正确把握劳动精神的内涵。意识是行为的先导，正确的劳动意识需要使学生明白劳动的意义与价值，摒弃“不劳而获”“少劳多获”的投机想法，矫正轻视劳动、逃避劳动、眼高手低的不良现象，注重将劳动教育与思想政治教育、家庭教育相结合，激发学生创新劳动、勤奋刻苦的劳动精神。《关于全面加强新时代大中小学劳动教育的意见》将勤俭、奋斗、创新和奉献凝练为劳动精神的内核，同时指出高等学校要“重视新知识、新技术、新工艺、新方法应用，创造性地解决实际问题”。①

另一方面，高校要教育指导学生树立、巩固劳动精神。高校应根据师范生的年级特点，从低年级到高年级设置专题教育、劳动实践、专业实践、创造性劳动等形式的劳动精神教育，创造性地解决实际问题，助力师范生形成尊重劳动人民、珍惜劳动成果的积极态度，进而滋养、指引教育教学实践劳动。

二、主要特征

特征是事物本质的外部表现，是一事物区别于其他事物的基本特点。新时代高校劳动教育是中国特色社会主义教育制度的重要内容，具有区别于其他教育方式的独特特征，本书将阐述劳动教育的鲜明时代性、社会实践性、

---

① 中共中央 国务院关于全面加强新时代大中小学劳动教育的意见［N］. 人民日报，2020－3－27.

系统协同性等三个主要特征。

（一）劳动教育具有鲜明时代性的特征

新时代科技飞速发展，各类产业发生根本性变革，由此带来了劳动工具、劳动技术、劳动方式、劳动形态等多方面翻天覆地的变化。《关于全面加强新时代大中小学劳动教育的意见》明确要求新时代高校劳动育人要体现时代性特征，强调要“适应科技发展和产业变革，针对劳动新形态，注重新兴技术支撑和社会服务新变化。深化产教融合，改进劳动教育方式。强化诚实合法劳动意识，培养科学精神，提高创造性劳动能力。”[①]《大中小学劳动教育指导纲要（试行）》明确指出，劳动教育要“紧跟科技发展和产业变革，准确把握新时代劳动工具、劳动技术、劳动形态的新变化，创新劳动教育内容、途径、方式，增强劳动教育的时代性”。[②] 因此，劳动教育的鲜明时代性是指丰富劳动教育种类，充实劳动教育内容，创新劳动教育形式。

第一，丰富劳动教育种类。习近平总书记曾提出实现经济社会发展的各项目标任务，“归根到底要靠辛勤劳动、诚实劳动、科学劳动。”[③]习近平总书记提到的这三类劳动，也是本书开展劳动教育要进行的三类教育内容。由于新一轮产业革命的开展对科学技术和技术含量提出更高要求，所以，科学劳动发展成为劳动教育的重要内容，这也印证着目前高校劳动教育具有鲜明的时代性。

第二，充实劳动教育内容。由于科技发展和产业变革，劳动形态发生变化，因此劳动教育的内容也要与时俱进，在传统的劳动教育学习内容中增添新时代的特色内容。同时，劳动价值观是劳动教育内容中的重要部分，劳动价值观也应紧跟时代的步伐，紧紧围绕新的劳动观，重视更高层面上的价值引导，努力达到新时代劳动教育的最终目的。

第三，创新劳动教育形式。新时代最显著的发展就是科学技术的发展，因此“劳动＋科技平台”的教育方式是一个创新教育方式，在传统劳动教育的方式上融入时代的色彩，不仅可以构建共享型劳动教育资源数据库，还

---

① 中共中央 国务院关于全面加强新时代大中小学劳动教育的意见［N］. 人民日报，2020－3－27.

② 教育部关于印发《大中小学劳动教育指导纲要（试行）》的通知［EB/OL］.［2020－07－09］. http：//www. moe. gov. cn/srcsite/A26/jcj_kcjcgh/202007/t20200715_472808. html.

③ 习近平向全国广大劳动者致以“五一”节问候［N］. 人民日报，2014－5－1（01）.

可以满足个性化、差异性学习的要求，使劳动教育的形式更加多样化。

（二）劳动教育具有社会实践性的特征

劳动教育作为一种育人实践，出发点和落脚点就是在于育人，而实践则是检视、巩固劳动教育成果的首要途径。《关于全面加强新时代大中小学劳动教育的意见》强调，“实施劳动教育重点是在系统的文化知识学习之外”，“动手实践、出力流汗，接受锻炼、磨炼意志，培养学生正确劳动价值观和良好劳动品质”①，在《大中小学劳动教育指导纲要（试行）》中则是指出劳动教育“具有显著的实践性，必须面向真实的生活世界和职业世界，引导学生以动手实践为主要方式，在认识世界的基础上，获得有积极意义的价值体验，学会建设世界，塑造自己实现树德、增智、强体、育美的目的。”② 可见，新时代的劳动教育十分重视通过劳动实践推动学生德智体美的全面和谐发展，不仅鼓励学生做好日常生活劳动，更强调学生参与生产劳动和服务劳动，在劳动实践中养成良好的劳动价值观和劳动素养。

新时代高校师范生劳动教育的实践性不仅体现在高校学生普遍性的日常生活实践中，更体现在“教育三习”的专业实践中以及社会实践、志愿服务的服务性劳动实践中。通过与师范专业密切相关的劳动实践，促使师范生在实践教育教学过程中涵养师德、锤炼品格、提升能力，并能够理论结合实际，从实践中来到实践中去，在教育教学的学习与实践中，可以依据中小学生劳动教育课程标准，针对中小学生身心发展和认知特点，开展中小学生劳动教育的教学设计、实施和评价，具备初步的中小学劳动教育教学能力和一定的教学研究能力。

（三）劳动教育具有系统协同性的特征

劳动教育是一种内容完整、体系完善的素质教育，是一个具有一定结构体系和逻辑关系的整体。在实践中，不仅需要充分发挥学校教育、社会教育、家庭教育以及学生自我教育的积极作用，还需要将劳动教育与高校思想政治教育、德育、智育、美育、体育等结合起来，并将其贯穿于大学生培养

---

① 中共中央 国务院关于全面加强新时代大中小学劳动教育的意见［N］. 人民日报，2020-3-27.

② 教育部关于印发《大中小学劳动教育指导纲要（试行）》的通知［EB/OL］.［2020-07-09］. http：//www. moe. gov. cn/srcsite/A26/jcj_kcjcgh/202007/t20200715_472808. html.

的全过程。

新时代高校劳动教育是贯穿学校、家庭、社会、学生自我等各方面的系统性教育工程，在具体的实施过程中，以高校教育为主导，统筹协调家庭、社会、学生主体等各方教育资源，形成教育合力。其中，家庭是劳动教育的基础实践力量，通过注重和谐家庭环境建设、注重良好家庭教育开展、注重优秀家风建设，从而培养劳动习惯。高校是劳动教育的主导实践路径，通过师资体系、课程体系和保障体系的建设提升劳动素养，培养劳动技能。社会是劳动教育的拓展实践路径，通过重构崇尚劳动的社会风尚、重建社会劳动的基础功能、重塑劳动育人的精神共识等为高校劳动教育进行拓展。学生是劳动教育的内在实践路径，通过自我养成、践行实践和终身持守重塑劳动价值观，提升劳动素养。这四者合力引导大学生参加日常生活劳动、生产劳动和服务性劳动，从而形成协调一致的劳动育人系统。

新时代高校劳动教育是以劳动课程教育为基础，贯穿于高校人才培养的全部环节，融入高校立德树人、教学科研的方方面面，与大学生的思想政治教育、专业教育、实习实训、创新创业教育、职业生涯规划与就业指导、社会实践、校园文化和志愿服务等有机融合，既包含物质层面和技术层面的生产劳动实践活动，又包括精神层面和文化层面的精神生产活动；既涵盖普通劳动者，又包括专业技术人员以及管理人员的职业活动；既涵盖体力劳动，又包括脑力体力相结合的实践活动；既包括以创造为目标的生产项目式学习和探究式学习等具体项目，又包括以获取知识、增长能力为目标的主题式项目。

第三节　新时代劳动教育的重要意义

开展新时代大学生劳动教育在个体意义、社会价值、教育功能方面具有重要意义。

一、个体意义：促进学生德智体美劳的全面发展

劳动教育的个体意义主要是指劳动教育对教育对象个体产生的影响。德为人之灵，智为人之魂，体为人之基，美为人之情，劳为人之本。德智体美

劳是当今时代新人全面发展不可或缺的。新时代大学生劳动教育具有树德、增智、强体、育美的综合育人价值。①

首先，新时代大学生劳动教育可以树德。在社会实践中内化道德认识，厚植爱国情怀，稳定道德情感，培养道德意志，并在反复循环的劳动实践中固化道德行为，实现道德素养知情意行的和谐统一，使学生养成踏实肯干、真抓实干、埋头苦干的劳动作风，并将个人的前途命运和国家民族的发展同频共振，形成爱国主义精神、奉献精神、奋斗精神、担当精神、敬业精神、合作精神、创新精神、集体主义精神等宝贵品质。

其次，新时代大学生劳动教育可以增智。动手动脑的劳动理论教育与实践活动，有利于大学生将所学理论知识吸纳为自己的专业技能，加深对于所学知识的理解，提高深入探索知识的兴趣，激励勇于创新的精神，加强解决问题的能力，达到增智的效果。

再次，新时代大学生劳动教育可以强体。将劳育与体育相结合，既可以锻炼人的体魄，又可以磨炼人的意志，提升受挫能力及解决问题能力。在参加劳动过程中，提高学会反思、沟通合作的能力，为将来走向一线基础教育岗位打下良好的基础。

最后，新时代大学生劳动教育可以育美，高校劳动教育可以让学生感受劳动的情景，体味劳动的艰辛不易，尊重劳动成果，养成热爱劳动的习惯，加深对劳动价值的理解，陶冶美的情操，收获美的真谛，提高学生创造美的能力，使学生在劳动过程中创造出富有美感的事物，在发现、感受劳动美的基础上创造、传播劳动美，提升审美能力和创造能力。

二、教育功能：落实高校立德树人根本任务

立德树人是我国教育的根本任务，教育要培养“德才兼备”的人才，劳动教育作为构建德智体美劳全面发展的人才培养体系的重要内容，是落实立德树人根本任务的必由之路。

首先，新时代大学生劳动教育丰富了立德树人的内容。对标师范专业认

---

① 柳友荣，吴长法．大学生劳动教育［M］．北京：北京师范大学出版集团，2023：19－24.

证“一践行三学会”的毕业要求，劳动教育以学生为中心，注重立德树人，可以帮助师范生牢固树立劳动最光荣、劳动最崇高、劳动最伟大、劳动最美丽的“四最”劳动观念，坚定从教意愿，认同教师工作的意义和专业性，增进对中国特色社会主义的思想认同、政治认同、理论认同和情感认同，把服务人民、奉献祖国、发扬艰苦奋斗精神、肩负时代使命深深记在心中，鼓励学生成为有理想信念、有道德情操、有扎实学识、有仁爱之心的“四有”好老师。

其次，新时代大学生劳动教育拓展了立德树人的途径。与中小学劳动教育不同的是，大学生劳动教育更鼓励学生积极参加勤工助学活动，更注重结合学科专业开展实习实训、专业服务和生产劳动，更强调围绕创新创业进行创造性活动，更提倡结合“三支一扶”“青年红色筑梦之旅”等社会实践活动开展服务性劳动。

最后，新时代大学生劳动教育提高了立德树人的实效。高校应从师资体系、课程体系、保障体系开展劳动教育，有效发挥大学生劳动教育的主阵地作用，可以促进教育体系的完善，有效避免学生德育知行分离的现象，更好实现全员教育、全过程教育、全方位教育。

三、社会价值：弘扬劳动幸福的社会风尚

党的二十大报告明确指出：“江山就是人民，人民就是江山。中国共产党领导人民打江山、守江山，守的是人民的心。治国有常，利民为本。为民造福是立党为公、执政为民的本质要求。必须坚持在发展中保障和改善民生，鼓励共同奋斗创造美好生活，不断实现人民对美好生活的向往。”① 青年学生是实现中华民族伟大复兴，为人民造福的重要力量，青年兴则国家兴，青年强则国家强。新时代是全体中华儿女勠力同心、奋力实现中华民族伟大复兴中国梦的时代，有理想、有本领、有担当的青年学生是实现这一伟大梦想的关键和保障。

---

① 高举中国特色社会主义伟大旗帜 为全面建设社会主义现代化国家而团结奋斗——在中国共产党第二十次全国代表大会上的报告［N］. 人民日报，2022－10－26.

首先，新时代大学生劳动教育有助于科学劳动价值观的形成。劳动价值观是劳动教育的重要内容，不仅关系到学生人生道路的选择，而且关系到人生观、世界观和价值观的树立，更关系到社会长远发展。加强新时代大学生劳动教育能够促使学生树立马克思主义劳动观，以诚实劳动、辛勤劳动、创造性劳动推动社会发展。当个人树立起科学的劳动价值观，便会带动全社会科学劳动价值观的树立与培养。

其次，新时代大学生劳动教育有助于劳动光荣社会风尚的营造。习近平总书记曾指出，在长期实践中，我们培育形成了爱岗敬业、争创一流、艰苦奋斗、勇于创新、淡泊名利、甘于奉献的劳模精神，崇尚劳动、热爱劳动、辛勤劳动、诚实劳动的劳动精神，执着专注、精益求精、一丝不苟、追求卓越的工匠精神。[①] 劳模精神和工匠精神是传承中华民族优良传统的应有之义，是培养尊崇劳动、积极奉献的社会风尚的具体实践。加强新时代大学生劳动教育能够激发大学生创新劳动、热爱劳动、自强不息的劳动情感，在精神层面对大学生产生升华和引领作用，进而在全社会形成争做新时代奋斗者和奉献者的良好社会风尚。

最后，新时代大学生劳动教育有利于社会主义核心价值观的培育和践行。全社会都要以辛勤劳动为荣、以好逸恶劳为耻，任何时候任何人都不能看不起普通劳动者，都不能贪图不劳而获的生活。新时代大学生劳动教育能够引导大学生深刻理解社会主义核心价值观中蕴含的劳动价值，在辛勤劳动、诚实劳动、创造性劳动中实现个人理想和国家理想。

---

① 大力弘扬劳模精神劳动精神工匠精神［N］. 人民日报，2021－05－06（013）.

第二章　高校劳动教育的现状及问题分析

第一节　高校劳动教育的发展成效

劳动育人是提高劳动者素质的根本之道，青年学生作为建设中国特色社会主义伟大事业和实现民族复兴伟大梦想的主力军，党和国家对新时代大学生劳动教育越来越重视，并出台了一系列政策文件顶层设计指导劳动教育的实施开展，在国家和教育部政策的指引下，在家庭、社会各界的关注下，劳动教育工作的开展情况已经成为学界研究的热点话题，新时代大学生的劳动教育在有序地开展与推进，重新梳理高校教育体系，学校要与家庭、社会共同努力，要形成尊重劳动、尊重知识、尊重人才、尊重创造的共识，注重培育学生的劳动意识，提升学生的劳动素养，提高学生的劳动能力。在劳动教育领域取得了一些成效，主要体现在劳动教育地位的提升和劳动教育认知的深化等方面。

一、劳动教育的地位显著提升

2018 年，习近平总书记在全国教育大会上将“劳动教育”纳入中国特色社会主义教育体系，2020 年《关于全面加强新时代大中小学劳动教育的意见》《大中小学劳动教育指导纲要（试行）》相继出台，明确要求要将劳动教育纳入人才培养全过程，贯通大中小学各学段，贯穿家庭、学校、社会各方面。各地方政府、学校积极响应党和国家的号召，落实劳动教育的实施与开展，此外，越来越多的家长打破了传统忽视劳动教育、忽视学生参与家庭劳动等错误的意识，社会不断形成“劳动最光荣、劳动最崇高、劳动最伟大、劳动最美丽”的社会风尚。

二、劳动教育的认知不断深化

高校开展劳动教育意识的强化，不仅关系着立德树人根本任务的落实，更关系着青年学生的全面发展。自劳动教育被列为“五育并举”中的重要环节以来，大学生对劳动教育的认知不断深化。从学者王彦庆的调查[①]所得，首先大学生的劳动认知日趋清晰，主要表现在理解“劳动”的概念，对劳动有比较积极的态度，能够从家庭、学校、社会等多个层面接受到劳动教育。其次大学生的劳动习惯日渐自觉，主要表现在寝室卫生打扫、承担家务等日常生活劳动习惯的养成，以及在高校的生产劳动、服务性劳动的形式和时长均有所增加。最后大学生的劳动情感日益激发，主要表现在学生对于劳动的意义和价值普遍认可，秉持积极的态度，对劳动技能的获得和劳动素养的提升需求度较高。

第二节　高校劳动教育存在的问题及原因

一、现实问题

研究表明，目前高校大学生劳动教育已取得一定成效，劳动教育的地位逐步提升，其综合育人功能得到重视，大学生的劳动观念、劳动习惯、劳动精神等不断改善，大学生劳动教育不断向好的趋势发展，但是劳动教育在诸多方面仍存在一定问题，对此，我们只有客观分析这些问题，剖析问题存在的原因，才能更好地促进高校劳动教育的良性发展。

（一）学校方面

第一，学校对劳动教育的重视程度不够。当前学校劳动教育资源分配不足，缺乏制度保障和规范化的管理，相当一部分学生在劳动价值观方面出现了偏差，缺乏必要的劳动精神和劳动品质。一方面，劳动教育与德育、智育、体育、美育相比，在学校教育中所占比例较小，相应得到的教育教学资

① 王彦庆．新时代大学生劳动教育研究［D］．哈尔滨：哈尔滨师范大学，2021.

源、场地、资金保障有限；另一方面，高校缺乏有效的系统管理、卓越的师资队伍建设和有力的制度体系保障，甚至未设立劳动教育管理部门、没有规范的教育教学大纲，未列入人才培养方案等。很多学校的领导和教师忽视了劳动教育对于培养学生良好的人格品质、优秀的劳动素质以及促进学生身心发展等方面的作用，认为劳动教育是可有可无的，没必要投入较多的人力、物力开展劳动教育的理论教育和实践教育。

第二，学校重视劳动形式而忽略了其中的教育意义。“劳动”并不等同于“劳动教育”，“劳动”是劳动教育实施的方式和途径，“教育”才是劳动教育实施的最终目的。现实中，常常会有学校重视作为教育惩戒手段的劳动、作为休闲活动的劳动，从而盲目开展劳动教育，忽略其教育价值。高校应重视发挥劳动的教育价值，做到劳动与教育相结合，进而提升学生的劳动技能。

第三，学校重视脑力劳动而忽略体力劳动。劳动力的使用就是劳动本身，在马克思看来，“人的身体即活的人体中存在的、每当人生产某种使用价值时，就运用的体力和智力的总和”①，由此可见，脑力劳动和体力劳动处于同等重要的位置。劳动教育是为了实现人的全面发展，包含体力和智力的充分运用，然而当前，更多的学生不愿意充实体力劳动，甚至认为体力劳动不体面、不光荣，从而逃避体力劳动，忽视了体力劳动同样也是“一种具有重要历史意义和人本价值的社会实践”。高校在开展劳动教育时，应该注重加强对体力劳动的教育引导，重塑劳动无贵贱的劳动观念，促使学生在出力流汗的体力劳动实践中感悟劳动的辛苦与价值。

（二）家庭方面

第一，家庭受到传统观念影响比较大。受“劳心者治人，劳力者治于人”“学而优则仕”等传统观念的影响，有些家长过于重视脑力劳动，忽视体力劳动在学习中的重要作用，导致学业与劳动的对立。在家庭教育中，由于升学考试和社会竞争的双重压力，家长普遍更注重孩子的学习成绩，忽视

---

① 中共中央马克思恩格斯列宁斯大林青作编译局．资本论：第一卷［M］．北京：人民出版社，1975：34－38．

劳动教育的价值，许多人认为劳动教育不重要甚至是浪费时间的，没有意识到劳动教育在孩子成长中的重要性。当子女在选择未来的就业方向时，有些父母轻视体力劳动，更希望他们的子女选择从事办公室工作。家庭劳动教育的实施将直接影响家庭成员的学习和生活。

第二，家庭过分溺爱孩子。当前大学生多为2000年以后出生，在人口政策的影响下，新时代大学生多是独生子女，独享宠爱，并且由于经济的发展和社会的进步，人民的物质生活水平不断提高，家长代替子女做家务司空见惯，这容易让学生从小就养成依赖他人、缺乏劳动责任感、不懂得尊重他人劳动成果的不良习惯与观念，进而导致部分学生不热爱劳动、不愿意劳动甚至不会劳动，严重影响学生的全面发展。

（三）社会方面

第一，劳动教育受到社会生产力发展的影响。正如前文所言，劳动教育具有时代性特征，受当前历史阶段的经济发展水平、科技创新等因素的影响。改革开放以来，我国社会生产力总体水平显著提高，劳动教育也被赋予了全新的内涵。当前大多数人轻视体力劳动者，这无疑给劳动教育的推行带来巨大的挑战。

第二，社会上存在不良观念的网络传播。随着时代的发展，科技走进了生活的方方面面，网络传媒全方位覆盖着所有人。如今的网络十分发达，网络上的所有观念都会影响大学生正确观念的形成。对于一些比较低俗的媒体，为了能够吸引大众的目光，传输着一些错误的劳动观念，例如无须劳动就可以功成名就，让一些大学生认为即使自己不付出劳动，同样能够成功，有通向成功的捷径，从而导致部分大学生希望自己能够快速致富，无视劳动的重要性，这对大学生的劳动教育有着不利影响。

第三，社会上缺乏良好的劳动支持。判断劳动教育是否有效的依据，是看它是否在社会中得到有效的反馈。目前社会上众多的组织没有发挥其对劳动教育的引导作用，使得劳动教育在社会上的宣传和支持力度不足，理论宣传工作的效用没有很好地发挥出来，良好的社会氛围还未形成。

（四）个人方面

第一，个人的主观能动性欠缺。学生是教育的主体，充分发挥大学生的主观能动性在大学生劳动教育的有效开展中起着重要作用，也正因如此，学生主观能动性欠缺是造成劳动教育问题的内在因素。一方面，主观能动性欠缺影响劳动操作技能的掌握，另一方面，主观能动性欠缺导致学生劳动意愿降低，劳动行为减少，不利于劳动教育实践活动的展开。

第二，个人对劳动观念意识比较淡薄。这一点首先体现在对劳动观念具有认知误区上，因外部因素影响，导致学生长期在“学习”的单一任务中生活与成长，忽视劳动的存在。其次体现在对劳动的重要性认识不足上，学生忽略了劳动的实践性特征，理论知识只有在实践中才能内化于心，得到巩固和提升。最后体现在对社会现状认知的缺乏上，在社会迅速发展的时代下，对高素质人才的需求不断增加，即脑力劳动和体力劳动均衡发展的人才。只专注于专业知识的学习，忽视了劳动教育潜移默化地熏陶，使得学生自身动手能力与独立能力得不到提升，无法适应社会环境。

二、原因分析

（一）社会文化冲击影响

社会文化环境是影响学生成长的重要因素，目前导致大学生劳动教育存在问题的原因首先要考虑文化环境的影响。一是传统文化观念对劳动教育具有一定的影响。封建社会的传统教育观念根深蒂固，重智轻劳的理念对当今家庭、学校、社会的育人理念产生深远影响。“学而优则仕”“劳心者治人，劳力者治于人”“万般皆下品，惟有读书高”等传统文化观点割裂了智商与其他教育教学内容的关系，致使长期以来社会上存在重智育轻劳动的现象。二是现代文化观点对劳动教育具有一定的负面影响。拜金主义、享乐主义、个人主义等西方不良文化思潮也随之涌入，产生“一夜暴富”、不劳而获、“精致的利己主义者”等不良文化观点，对我国青年学生产生了严重的消极影响。此外，部分家长在成长过程中感受到体力劳动和脑力劳动之间的社会地位差距，导致他们在实施劳动教育时，忽略了对子女劳动价值观的教育。

（二）高校教育体系偏颇

有效的劳动教育体系可以更好地促进劳动教育的良性发展。高校劳动育人体系主要包括以下三点。一是师资队伍体系。目前许多高校的劳动教育师资队伍构成比较单一，主要包括专业课教师、思政课教师以及思政辅导员，对于劳动教育的理论教学和实践开展缺乏专业性，同时，学校缺乏健全的师资培养、考核和发展机制，这些问题都直接影响了劳动教育的实效性。二是课程教育体系。目前仍有很多高校未开设独立的劳动教育课程，将劳动教育融入学生寝室、教室卫生检查，学生勤工助学等学生教育管理活动，或等同于专业实习实践，或借助思政课、就业指导课、创新创业课进行部分劳动教育的理论讲授，课程建设管理松散，与德育、智育、体育、美育相比，该课程在大学生人才培养体系中并不突出。三是制度保障体系。由于高校对劳动教育重要性的认识不足，导致高校对劳动教育缺乏科学的管理制度和保障制度，缺少对劳动教育的资源配置，缺少对劳动教育的校园文化塑造等。① 以上都是阻碍大学生劳动教育发展的主要因素。

（三）家庭、家风、家教失范

习近平总书记指出，我们要重视家庭文明建设，努力使千千万万个家庭成为国家发展、民族进步、社会和谐的重要基点，成为人们梦想启航的地方。他强调，家庭是孩子的第一个课堂，父母是孩子的第一任老师，广大家庭都要重言传、重身教，教知识、育品德，身体力行、耳濡目染，帮助孩子扣好人生的第一粒扣子，迈好人生的第一个台阶。② 英国著名的思想家、教育家约翰·洛克认为，家庭教育决定孩子一生的命运。家庭劳动观教育是劳动观教育的基础，它开始于学校劳动观教育之前，但并不随着学校劳动观教育的结束而结束，且比社会劳动观教育来得更加直接。因此，作为孩子第一任教师的父母，其劳动教育理念对孩子劳动意识的形成、劳动价值观的养成、劳动品质的培育起着至关重要的作用。早期的经验会影响孩子一生，一个家庭中，如果长辈勤俭有道、辛勤劳作，那么孩子极大可能会传承这种可贵的特质；如果长辈奢侈浪费、追求享乐，那么他们的孩子极大可能会受其影响，缺乏正确的劳动观。如果一个家庭的氛围都是热爱劳

---

① 代承轩．新时代加强大学生劳动教育研究［D］．株洲：湖南工业大学，2022.

② 千家万户都好，国家才能好，民族才能好［EB/OL］．［2022-05-15］．http：//cpc.people.com.cn/n1/2022/0515/c64387-32421787.html.

动、崇尚劳动的，那么孩子也会受到潜移默化的影响，以父母为榜样，认同劳动价值，形成劳动的习惯，树立正确的劳动观念。当前大学生在劳动教育上出现的诸多问题有很大一部分原因都是由家庭、家教、家风引起的。

（四）学生主体价值虚化

大学阶段是世界观、人生观、价值观形成的关键时期，当今时代，随着信息技术和网络的发展，学生获取知识的渠道越来越多，对事物有比较独立的想法和认知，但同时我们也发现，由于大学生主体价值的虚化，出现了知行不一、知行背离的现象，存在“知”很难转换于“行”的问题。

目前，部分学生存在独立能力不强、功利主义、眼高手低等问题，不仅是受家庭、学校、社会的多方影响，更主要是个人主体意识和主体价值的缺失。学生知道劳动包括脑力劳动和体力劳动，劳动无高低贵贱之分，但学生往往不愿意参加体力劳动，逃避体力劳动；学生知道脚踏实地、勤奋刻苦的重要性，但在日常生活中又喜好投机取巧；学生知道劳动对个人、社会、国家的重要性，但又期待“不劳而获”“一夜暴富”。除此之外，大学毕业生等青年群体在劳动力市场上表现出更多的脆弱性。大学生在选择工作时，大部分把就业目标定位在党政机关、事业单位、国有企业等工作稳定、经济效益有保障的单位，而一些偏远地区、农村学校，愿意前往的学生寥寥无几。个人主体意识的缺失直接导致了学生劳动意识、劳动观念的不足，劳动习惯和劳动能力的欠缺。

（五）家校社协同机制虚化

大学生劳动教育是一项系统工程，需要学校、家庭、社会和学生个体把握系统规律，挖掘协同要素特点，同心同向，同力同行，才能奏好大学生劳动教育的“协同曲”。高校作为协同家庭教育、社会教育和学生主体教育的桥梁，在协同机制建设中起到重要的作用。家校社协同机制虚化存在两方面原因。其一，高校和家庭缺乏协同机制。比如，利用大学生的寒假和暑假高校应指导、引领、监督家庭和学生开展日常居家生活劳动教育，从而提升劳动教育的实效性是家校协同机制建立的重要保障。其二，高校和社会缺乏协同机制。劳动教育包含理论教育和实践教育，劳动的实践性特质决定了劳动教育需要侧重实践教育的开展及实践教育的实效。这就需要高校主动协同政府部门、企事业单位等形成教育合力，争取获得劳动教育的场地支持、资金支持、师资支持等。目前部分高校并未建立与社会的有效合作机制，无法实现高校和社会的劳动教育资源的耦合及良性运转。

第三章　学校教育：师范生劳动教育主导实践路径

习近平总书记深刻把握国际国内形势，对做好我国新时代教育工作提出新的要求，高扬劳动教育的价值，明确将劳动教育作为全面发展教育的重要内容，努力构建德智体美劳全面培养的教育体系。我国高等教育承担着培养德智体美劳全面发展的社会主义建设者和接班人的历史使命，是劳动教育的主阵地，在劳动教育开展中处于主导地位，办好劳动教育，提升大学生劳动综合素质，关键在高校教育。为有效开展新时代高校劳动教育，高校应建立符合师范生成长发展规律和特点的师资体系、课程体系和保障体系。

第一节　劳动教育的师资体系建设

教师是立校之本、兴教之源，是教育发展的第一资源。教师队伍在劳动教育教学中承担重要任务，不仅是劳动教育施行过程的核心环节、主导力量，更是确保劳动教育教学质量的重要因素。新时代大学生劳动精神的培养，需要加强高校劳动教育师资队伍建设。第一课堂教师、第二课堂教师和校院管理层三支教学管理师资队伍需要形成合力，同心同向，同力而行，共同推动校园劳动教育的实施与开展。

一、劳动教育第一课堂教师

劳动教育第一课堂，通常是指将劳动教育纳入学校课堂教学中，让学生在学习理论知识的同时通过实践活动培养劳动技能和劳动习惯，从而达到全面发展的教育目标。劳动教育第一课堂教师指负责教授劳动教育课程的专职教师，他们的主要职责包括设计和执行劳动教育课程，帮助学生理解劳动的价值，培养学生劳动技能和劳动习惯，以及引导学生形成正确的劳动观与劳动态度。

（一）劳动教育专任教师

中共中央、国务院印发的《关于全面加强新时代大中小学劳动教育的意见》指出，要多举措加强人才队伍建设，配备专任教师，提高劳动教育专业化水平，把劳动教育纳入教师培训内容。这为高校劳动教育专任教师队伍建设提供了政策支持。劳动教育专任教师的发展既需要国家、政府、社会和学校各方联动帮扶，又需要专任教师提升自身劳动知识技能，开展劳动实践活动，重视劳动效果评价。

第一，提升劳动知识和技能。掌握基本的劳动知识和技能，是学生接受劳动教育的基本目标。劳动教育课程从思想维度分析属于思想政治教育课程，虽然目前高校均有思政课程，但对于马克思主义劳动观的内涵、意义等内容，高校并未深入开展课程，学生很难通过理论课程接受系统教育。此外，师范生的职业生涯规划课程重点仍在市场环境的分析、求职面试的辅导提升、劳动权益的维护等方面，对于马克思主义劳动观的职业平等观等内容分析欠缺，故专任教师应该首先提升劳动教育相关的知识储备，通过理论教学提升学生的科学认知。

第二，开展劳动实践组织。劳动教育具有很强的实践性，劳动价值观、劳动精神和劳动习惯更需要在劳动实践中培育。师范生由于生活环境、家庭影响、成长历程的不同，导致每个人都有个性化的劳动观念和劳动习惯，这就要求教师应该帮助建立与日常生活情境相关的互动实践场景，并始终围绕师范生的人才培养目标和毕业要求，组织开展学生的劳动实践活动，防止实践目标偏离。

第三，重视劳动效果评价。重视劳动教育效果的评价反馈和持续改进，是师范专业认证的理念要求，对师范生人才培养质量和教师专业化成长均有促进作用，教师应结合师范生人才培养方案、教学大纲和师范生毕业要求，围绕教学目标达成度、实践活动参与度、劳动精神提升度等多要素制订劳动教育效果评价的内容，科学设计评价标准，重视过程性评价和结果性评价。同时关注学生在日常教学中的劳动行为表现，挖掘其行为背后所反映的劳动价值观、劳动精神等，根据学生行为表现和思想认知反馈，对课堂教学进行持续性改进。

（二）师范专业课程教师

劳动教育具有思想政治教育的属性和价值，《教育部关于印发〈高等学校课程思政建设指导纲要〉的通知》明确要求，要深入梳理专业课教学内容，结合不同课程特点、思维方法和价值理念，深入挖掘课程思政元素，有机融入课程教学，达到润物无声的育人效果。① 这就要求师范专业课教师应该顺应“课程思政”的教育理念，将劳动教育与思想政治教育以润物细无声的方式融入各师范专业课程。具体来说，师范专业课教师可以通过课程思政、实践课程、个性教育等开展劳动教育。

第一，充分重视课程思政。课程思政是思政课程的重要补充，两者具有协同作用，能起到“1 +1 >2”的理想效果。一方面，师范专业课教师应当深入挖掘专业知识本身具有的价值精华，在讲授专业知识以外，进一步拓宽学生视野，可以向学生讲授教育教学领域最新的教育理念、教学方法并引导学生开展实践训练，提升学生劳动能力和就业创业能力。另一方面，师范专业课教师要增强劳动教育意识，传递有关遵守教师职业道德、怀抱教育情怀等方面的思想，让学生坚定教育理想信念。

第二，充分重视实践课程。师范专业课一般包括教育理论课程、教师技能类、实践类课程等。除了理论教学，师范专业课教师应当重视教育见习、教育实习、教育研习“三习”教育实践的价值与意义，感悟教师职业的艰辛与伟大，增强教师职业的认同感、责任感和使命感。

第三，充分重视个性教育。目前师范专业课教师仍处于劳动教育边缘，也有面对不同的学生采取完全相同的教学方法和教学内容的情况，使教学效

---

① 教育部关于印发《高等学校课程思政建设指导纲要》的通知［EB/OL］.［2020 -07 -09］. http：//www. moe. gov. cn/srcsite/A08/s7056/202006/t20200603_462437. html.

果大打折扣。师范专业课教师在开展劳动教育时，应坚持以学生为中心，结合师范生毕业要求，遵循不同年级学生的成长规律，关注学生个性化的劳动习惯、劳动观念，倾听学生的合理诉求，开展个性化劳动教育。

（三）劳动模范导师

中共中央、国务院发布的《关于全面加强新时代大中小学劳动教育的意见》指出，要设立劳模工作室、技能大师工作室、荣誉教师岗位等，聘请相关行业专业人士担任劳动实践指导教师，这为学校教育丰富扩充劳动教育师资指明了方向。习近平总书记强调："劳动模范是劳动群众的杰出代表，是最美的劳动者"。[①] 劳动模范（简称劳模）是时代的先锋、民族的楷模，他们以自身的劳动与创造推动着社会进步、国家发展和民族复兴。劳模精神是劳模在平凡岗位上做出不平凡业绩所秉持的劳动观念、劳动品质、劳动精神、劳动素养，劳模精神作为劳动模范的思想内核、行动指南，始终发挥着正向引导作用，是推动时代前进的强大精神动力。每一位劳模都蕴含着丰富的教育资源，可与校内第一课堂教师、第二课堂教师形成互补的师资体系。[②]

第一，传导劳动幸福观。人类社会的历史归根结底就是劳动发展的历史，也是人们通过劳动追求幸福的历史。依据马克思主义劳动观，劳动幸福观具有三个层次，分别是满足生存和发展需要的生理层次幸福，通过劳动创造幸福的主客观层次幸福，为人类工作、为他人工作而获得最高层次的幸福。劳动模范在教育教学实践中，可以结合自身劳动过程，选取最典型、最难忘、最有教育价值的劳动经历，讲述其攻坚克难求突破的劳动意志、改革创新求创造的劳动信念、担当作为讲奉献的劳动观念，进而引发学生的情感共鸣和价值认同。同时，在具体的劳动实践中，注重创新创造的教育引导，在教学评价中注重过程性评价，了解学生的参与度、获得感和体验感悟，从而使学生感受劳动创造幸福的成就感。

---

① 习近平．在知识分子、劳动模范、青年代表座谈会上的讲话［N］．人民日报，2016－04－30（2）．

② 束舒娅，孙静，柳友荣．劳模成为劳动教育师资的可为与应为［J］．中国人民大学教育学，2023（1）：146－149．

第二，培养劳动习惯。中共中央、国务院发布的《关于全面加强新时代大中小学劳动教育的意见》明确了面向全体学生的劳动教育目标，包括思想认识、情感态度和能力习惯三个方面，最终要通过提升劳动能力和养成劳动习惯来实现思想认识和情感态度的内化。作为劳动模范导师，应该充分发挥自己的实践专长，在生产和服务性劳动中做出示范，形成规范，以确保学生全面发展。在安全适度的前提下，引导学生在实践中创造有价值的成果，培养工匠精神和劳动态度。劳动模范导师还可以根据教学目标和课程需求，制订不同模块的教学内容，实现个性化的授课方式，满足自身专长、学生发展和时代需要的统一。

第三，传承劳动精神。虽然经过 90 年的劳模表彰史，劳模称谓有所不同，评选范围也各不相同，但每个历史阶段的劳模都体现了马克思主义劳动观的核心思想，具体展现出劳模精神的特征，成为“闪光群体”。一代又一代的优秀劳动者在党的百年历史阶段中履行使命，传承并弘扬劳模精神、劳动精神和工匠精神。劳动模范导师可以利用自身经历、身边的人及历代劳动模范的励志故事，以不同于传统教学的方式，探索“讲述劳模故事”“展现劳动场景”等形式，借助生动故事和生动图片向学生传达朝气蓬勃的劳动精神，更好地引导学生热爱劳动、努力劳动和诚实劳动。

二、劳动教育第二课堂教师

高校第二课堂是高校育人体系的重要组成部分，对于学生的思想引领、实践育人和素质提升等方面有着重要意义。第二课堂主要包括社会实践、校园文化活动、学生志愿活动、创新创业活动等，由高校辅导员、学生班主任、社团指导教师等负责实施。

（一）高校辅导员

教育部出台的《普通高等学校辅导员队伍建设规定》（教育部令第 43 号）指出，辅导员的工作职责主要有思想理论教育和价值引领、党团和班级建设、学风建设、学生日常事务管理、心理健康教育与咨询工作、网络思想政治教育、校园危机事件应对、职业规划与就业创业指导、理论和实践研究等九大内容。[①] 其中劳动教育蕴含在思想理论教育和价值引领、日常事务管理、职业规划与就业创业指导等辅导员工作领域中，所以辅导员要切实肩负起责任，做好大学生的劳动教育工作。

第一，在实践活动中开展劳动教育。辅导员可以充分发挥在培育学生软性学习成果中的天然优势和丰厚资源，开展各类实践活动。如系统性组织师范生参加普惠教育、四点钟课堂等志愿教育服务和社会实践，可以促进师范生认同教师职业劳动的使命感、责任感，并能在实践中锻炼提升学生分析解决教育教学问题的专业能力。

第二，在课堂教学中开展劳动教育。师范生辅导员在进行职业生涯规划、大学生创新创业等课堂教学时，除了传授基本专业知识以外，还应主动融合劳动教育，重点渗透劳动价值观，引导学生树立尊重劳动的基本观念；将劳模精神、工匠精神、教育家精神引入课堂，引导学生树立远大的职业理想，鼓励学生到祖国建设和发展最需要的地方去建功立业。

第三，在多样化平台中开展劳动教育。基于数字化社会背景，辅导员必须正确认识和把握网络文化对大学生劳动价值观的影响和冲击，充分利用微博、微信、抖音、小红书等网络平台及时了解当代大学生的思想状态、态度观点，通过主题漫画、主题研讨、音频视频等多种形式，主动发声，抢占学生思想高地，有针对性地开展日常思想政治教育和价值引领。

（二）师范生班主任

《关于进一步加强和改进大学生思想政治教育的意见》明确指出，辅导员、班主任是大学生思想政治教育的骨干力量，班主任负有在思想、学习和生活等方面指导学生的职责。[②] 作为与学生直接接触最多的教师，班主任进行劳动教育具有重要影响。

学生进入大学后，与父母的联系因独立的愿望、隔辈的代沟等可能会逐渐减少，加上部分班主任忽视对学生家庭情况的了解和与家长的沟通，导致

---

① 普通高等学校辅导员队伍建设规定［EB/OL］. http：//www. moe. gov. cn/jyb_ xxgk/xxgk/zhengce/guizhang/202112/t20211206_585050. html.

② 关于进一步加强和改进大学生思想政治教育的意见［EB/OL］.［2004－10－15］. http：//www. moe. gov. cn/jyb_ xwfb/gzdt_ gzdt/moe_1485/tnull_3939. html.

“家校隔绝”的情况时有发生。除此之外，一些班主任在进行劳动教育时没有结合专业特点，导致教育效果并不理想。师范生的班主任要正视这些问题，并从家校协同育人、职业道德教育、班级文化凝练等方面解决这些问题。

第一，注重家校协同育人。班主任要做家校协同育人的引导者，充分发挥家校沟通的桥梁作用，发挥家庭因素的积极影响，将优良家风延续到学生的学习和生活中。如对于家境优越、经济情况良好的学生，应当注重引导学生免遭拜金主义、享乐主义的影响；对于家境困窘、经济情况较差的学生，应当注重引导学生将生活上的艰难困苦转化为对知识的渴望和远大的理想抱负，形成顽强的劳动意志。

第二，注重师德养成。师范生的班主任不同于普通班主任，管理的是有着教师职业理想的师范生。师范生有着较为清晰的职业定位，在这种情况下，班主任需要让师范生明晰“什么是好老师，怎样成为好老师”，加强职业道德方面的教育。除了以身作则以达到德育目标的方法外，班主任还可以组建班干部团队，让学生积极参与班级管理，培养学生的责任意识，使师范生提前适应“教师”角色。

第三，注重班级文化凝练。环境对人的影响是巨大的，良好的班风、学风有助于学生开展自我教育、自我管理、自我服务。班主任可通过班会将国家政策、劳动模范事迹、劳动精神、工匠精神、教育家精神渗透其中，既进行思想熏陶，又传达班风、学风的积极导向。此外，班主任在选拔班干部时，应将民主制度贯彻到底，让“自由、平等、公正”成为班风的重要组成部分，借此弘扬社会主义核心价值观。

（三）学生社团指导教师

《关于进一步加强和改进大学生思想政治教育的意见》指出，要加强对大学生社团的领导和管理，支持和引导大学生社团自主开展活动，增强教育效果。[①] 在当今时代背景下，学生社团指导教师的出现可以更好地回应该要

---

① 中共中央 国务院发出《关于进一步加强和改进大学生思想政治教育的意见》［EB/OL］.［2004－10－15］. http：//www. moe. gov. cn/jyb_ xwfb/gzdt_ gzdt/moe_1485/tnull_3939. html.

求。社团指导教师是负责对学生社团进行专业指导和思想引领的教师，一般由校内专任教师和辅导员担任。

第一，学生社团指导教师应增强管理能力。校内社团导师应充分发挥专业技能优势，在自身专业的指导下围绕具体社团特点开展富有特色的社团活动。例如，针对师范生的职业需求，可开展有关师范技能的社团活动，使其在交流中进步、在互助中成长。当然，这些社团活动需要包含思想政治教育内容，以社会主义核心价值观为思想引领，以社会主义性质的社团文化为发展底线。

第二，学生社团指导教师应增强创新能力。社团基于学生共同的兴趣爱好而存在，社团成员因某种文化认同而加入社团。校内社团导师应通过交流互动、发放问卷等形式充分发掘社团成员的兴趣爱好和特长，并举办丰富的社团活动，提高学生的自主能力，开阔学生的视野，挖掘学生的潜力，培养具有创新创造精神的时代新人。与此同时，校内社团导师也需审视自己的兴趣爱好，提高相关的技术能力，为学生提供更为专业的指导。

三、劳动教育的学校管理层和系部管理层

（一）学校管理层

学校管理层是学校整体劳动教育建设的指挥者和监督者，然而目前高校劳动教育建设还存在劳动教育边缘化、教学内容片面化等问题，学校管理层需要正视这些客观存在的问题，采取有效措施，破除当下劳动教育工作困境。学校管理层可从政策制定、资源保障、绿色校园等方面探寻劳动教育建设的实效路径。

第一，完善政策制定。高校要制定完善的劳动教育工作安排细则，其中包括以思想政治课为主的课程建设和以思政理论课教师为主的教师团队建设。学校管理层要制定合适的教师选聘制度，建立一支包含专业教师、思政教师、社团导师、校外导师、辅导员、班主任等多主体在内的劳动教育团队。同时也要完善教师考评制度，把劳动教育工作成效纳入教师评价，激励教师进行劳动教育。在这一团队中，学校管理层要充分发挥统领作用，将劳动教育工作作为学校工作体系的重点。

第二，提供资源保障。首先学校需要提供专门的劳动教育设施，例如劳动教育教室、劳动教育实践基地等，为学生提供劳动教育的实践场所，在实践中更好地理解和体验劳动的价值。其次，学校需要提供劳动教育所需的设备和材料，例如劳动工具、劳动材料等，辅助学生学习和掌握劳动技能。再次，学校需要提供专业的劳动教育师资，包含第一课堂教师和第二课堂教师，并做好师资的培训工作，为学生提供专业的劳动教育指导。最后，学校需要提供劳动教育课程资源，组织开发劳动教育校本课程，包括理论课程和实践课程，为学生提供全面的劳动教育资源。

第三，建设绿色校园。首先，学校应优化绿色校园环境，根据环境育人的理念，将环保、节能的理念渗透进学生学习生活。如设置环保信息栏、垃圾分类回收桶、及时传递环境教育信息。其次，夯实环境教育平台，发挥第二课堂的环境教育效果，通过线上线下、校内校外多渠道组织开展环境教育实践活动、志愿服务，加深学生对习近平总书记生态文明观的理解。

（二）系部管理层

系部管理层作为“全员育人”的成员之一，主要指系部主任、教务办、学工办、研究所等，面向师生发挥德育作用。

第一，要严格落实师范生德育各项要求。系部管理层要学习研究学校下达的劳动教育工作任务，并在具体课程设置和活动安排上严格贯彻落实相关工作。在具体实施过程中，系所可将实践情况和出现的问题反馈给学校，也可将师生的意见和建议传达给学校，形成管理体系信息双向流动局面。例如，系部要贯彻落实上级政策，组织师生学习；出台相应的政策，保障师范生劳动教育。

第二，要创新管理育人的体制机制。系部要搭建师范生锻炼实践平台，将师范生输送至中小学进行实践。师范生在中小学实践教学中进行自我教育，同时中小学将实习情况反馈给学校系部，系部根据具体情况有条理地开展相关思想政治教育活动，促进师范生实践感悟的进一步深化。除此之外，系部还可以采取导师带领师范生进行团队建设，落实学生值班制度让师范生参与决策等举措。

第三，要提高服务育人的能力水平。系部管理层在进行劳动教育建设的过程中，要注重以人为本，以学生为主。一是系部要优化管理流程，方便学生办事。例如，系部管理层可以简化开展劳动教育活动的流程，提高活动审批效率，让学生能够参与更加丰富的劳动教育实践活动。二是系部要提供优质服务感化学生心灵。例如，系部管理层可以完善学生外出保障制度，提供学生劳动教育经费，在确保学生安全的情况下有序开展校外劳动教育实践活动。

第二节　劳动教育的课程体系建设

课程体系建设是高校开展劳动教育的重要载体和主要抓手，是学生学习知识技能的关键渠道。推进高校师范生劳动教育课程体系建设，必须坚持马克思主义劳动观，贯彻落实习近平总书记关于劳动与劳动教育的重要论述，以学生为中心，以成果为导向，通过理论课程、实践课程以及课程思政建设，构建具有综合性、实践性、开放性、针对性的劳动教育课程体系。

一、师范生劳动教育理论课程

广义的课程是指学校为实现培养目标而选择的教育内容及其进程的总和。据于此，劳动教育课程是指学校为实现学生学习劳动知识、树立马克思主义劳动价值观、养成劳动精神的培养目标，对学生的教育内容、学习进度、教学计划所做的总体安排。目前高校劳动教育的开展多以实践体验为主，理论教育为辅，容易导致学生窄化、弱化、淡化劳动的意义和价值。高校劳动教育不能局限于劳动教育理念讲授和劳动活动安排，需要通过科学系统的课程教学，使之落到实处，进而保障人才培养目标的实现。①

（一）课程原则

一是坚持教育引导原则。师范生的劳动教育要体现对师范生的教育指导作用，通过劳动教育课程教学，系统学习、掌握马克思主义劳动观的理论知

---

① 赵健杰，刘向兵．论新时代高校劳动教育的课程建设［J］．北京教育（高教），2020（2）：14－17.

识，明确人类劳动实践活动及其创造本质，坚定树立马克思主义的劳动观和劳动是幸福源泉的劳动幸福观。

二是坚持教育深化原则。师范生的劳动教育应该注重“真知”，而不能仅仅停留在“熟知”，需要克服理论学习的“蜻蜓点水”和“浅尝辄止”，首先，应讲解清楚劳动的本质特征、劳动的历史发展、劳动实践的意义价值等，其次，要理性分析人们在劳动实践活动中所形成的各种社会关系，解读劳动教育研究的理论前沿知识，促使师范生科学把握劳动知识，深刻感悟劳动道理。

三是坚持教育实际原则。一方面，高校应根据本校情况，以劳动教育指导方针为指导，制订并实施适合本校实际情况的劳动教育教学计划；另一方面，高校在开展劳动教育时，需要结合当地实际情况，充分利用本地的劳动教育资源，创造劳动教育校外实践环境，并与生产企业、事业单位、科研院所以及服务业建立联系，为学生提供实习机会。

（二）课程内容

一是融通自然与生活。人的成长变化源于其自然本性，劳动教育是以完善人性为基础的教育，人通过劳动与自然界进行物质交换，从而满足生存需要。自然与生活两者融通，更能促进学生的成长。一方面，融通自然元素。这里的自然既是指大自然中的自然教育资源，在山水林木间挖掘自然环境中的教育资源，引导学生在大自然中学会如何改造自然，实现生存与发展，如何保护自然，做到与自然共生，又是指遵循学生成长的自然规律，充分考虑师范生身心发展特点和年龄阶段设置相应的教育内容。另一方面，融通生活。著名教育家陶行知认为，没有生活做中心的教育就是死教育，生活即教育。融通生活既要挖掘学生在衣食住行等方面的日常生活经验，贴近学生的现实生活，使学生理解生活是劳动教育的起点；又要关注学生的家庭生活、学校生活和社会生活，将这三大主体的劳动教育资源和元素充分释放出来。

二是联结社会与职业。人是“社会的产物”，师范生作为未来之师，更应树立教书育人的职业理想，实现自我价值和社会价值。一方面，联结社会，劳动教育既要关注社会热点问题，引导学生辩证看待社会发展问题，提高社会参与能力。如人工智能背景下教师职业的冲击与挑战，教师的权利与义务等，又要充分挖掘社会资源，如田间地头、工厂车间、中小学教育单位等，在广阔的天地中体验劳动。另一方面，联结职业。新时代背景下，劳动形态和内容日新月异，对劳动者素养提出了更高要求，高校理应回应社会发展需求，培养符合时代发展的创新复合型劳动人才。师范生既应掌握“一践行三学会”的师范生培养标准，全面提升自身的师德水平和教育教学素养。又要注重科学精神教育，引导学生感受劳动幸福和职业幸福，坚定为祖国培养人才，为教育事业奉献终身的职业理想。

三是融合传统与未来。中国传统文化中蕴含着丰富的劳动及劳动精神的精华内涵，高校需要立足新时代发展要求和发展趋势，从中华优秀传统文化中汲取营养，整合无法替代的、深邃的劳动教育资源和劳动精神。一方面，融合优秀传统文化。既要挖掘传统文化中的工匠精神和耕读文化，“耕读”是人们安身立命、修身齐家治国平天下的根本之道，蕴含着“孝悌为本、开拓进取、自强不息”的民族精神，体现出理论与实践结合的教育之道，“工匠”蕴含着“由圣人而是崇”“体圣明之所作”的职业技能，体现出“重道、求道、体道”的崇高德行。又要注重辨别“劳心”与“劳力”，引导学生手脑并用，全面发展。另一方面，融合未来发展。以发展的眼光看待劳动及其教育，既要关注未来劳动形态的改革与发展，适应科技发展和产业变革，适当地将数字劳动、智能劳动、情绪劳动等劳动新形态加入劳动教育内容。又要关注学生的未来发展要求，引导学生在处理人与自然的关系中实现劳动能力的全面发展，在处理人与社会的关系中实现社会关系的全面发展，在处理人与自身发展的关系中实现自由个性的全面发展。①

（三）教材建设

一是劳动科学的普遍结论。劳动科学的内涵是以人类劳动为研究对象，研究劳动者在劳动过程中产生的问题以及与劳动有关的自然和社会关系，形成一个有内在联系和分布规律的学科群，每个具体劳动学科都是构建劳动科学系统的基本要素。劳动科学总论阐明了劳动科学的学科性质、意义、研究方法，以及学习劳动科学的内容、意义、方法和基本要求等方面，帮助学生

① 钟飞燕．新时代学校劳动教育研究［D］．长春：吉林大学，2021.

理解劳动的本质规定，掌握劳动科学所属的学科性质。

二是劳动哲学的维度。教材始终贯穿着马克思主义唯物史观的基本立场、观点和方法，主要探讨劳动的本质、作用、价值，与自然社会及人自身的关系，与科技发展的关系以及劳动发展的未来趋势。

三是人类劳动发展的历史维度。通过历史和逻辑相结合的方式，对人类的劳动实践历史进行梳理总结，明确社会劳动实践是推动社会发展的动力这一唯物史观的重要思想，使学生认识并认可劳动实践对于促进科技发展、社会文明进步以及个人全面发展所起到的关键作用。应该根据人类社会发展的不同阶段来划分这部分内容，详细描述相应的人类劳动基本特征，特别是要着重阐述第一次工业革命和第四次工业革命之间的联系和差异，以及这些革命对人类社会所带来的彻底改变，强调劳动方式的变革对劳动的深远影响，以及建立和谐劳动关系的重要意义和基本实现途径。①

四是劳动科学的主要学科维度。劳动科学的内涵分类非常丰富，几乎涵盖了劳动实践中的各个领域问题，有助于拓宽高校学生对劳动的理解，丰富他们关于劳动的科学知识。例如，通过学习劳动经济学，学生可以了解劳动生产力、求职就业、劳动报酬等基本知识，明确劳动者享有的相关合法权益受到法律保护。通过学习劳动关系学，学生可以了解劳动关系在社会关系系统中的地位、劳动关系的性质，以及和谐劳动关系构建的重要意义。通过学习劳动伦理学，学生能够了解劳动的伦理原则，清楚如何进行学生能够理解的劳动的伦理原则，清楚如何进行符合伦理要求的劳动。通过学习劳动保护学，学生可以认识到安全生产对于维护劳动者的健康权、安全权的重要性。②

二、师范生劳动教育实践课程

实践出真知，实践长才干，理论与实践结合是教育实效性增加的必要条

① 赵健杰，刘向兵．论新时代高校劳动教育的课程建设［J］．北京教育（高教），2020（2）：14－17.

② 张龙．高校劳动教育的课程建设、体系构建与创新发展［M］．北京：化学工业出版社，2021. 161－167.

件。而对于具有实践性鲜明特征的劳动教育来说，构建和完善劳动教育实践课程就更加重要了。新时代高校大学生劳动实践课程应该贯穿于大学生的整个学习生活，具有长期性、阶段性等特点。具体来看，大学生劳动实践课可以从以下几方面入手。

（一）拓宽劳动教育实践形式

根据《关于全面加强新时代大中小学劳动教育的意见》，结合师范生的专业特点要求，师范生劳动实践教育可以从日常生活劳动实践、生产劳动实践、服务性劳动实践开展。

一是日常生活劳动实践。日常生活劳动实践是指立足个人日常生活事务，培养基本的生活能力和良好的日常生活习惯的劳动实践。一方面注重学生进行校务劳动实践。既要常态化开展宿舍、教室等场所的劳动实践，提升学生在寝室内务整理、教室卫生打扫中的主人翁意识，学校后勤部门、学生工作部门负责标准制定与监督管理，又要主题化开展劳动周、劳动月等劳动实践活动。例如让学生有条理地分工参与校园内食堂、绿化等公共区域的日常劳动，并将这作为劳动实践课程的基础内容。通过亲身体验体力劳动者的辛勤付出，促使学生理解尊重劳动者和他人的劳动成果。另一方面注重学生进行家庭劳动实践。不可否认，家庭是学生开展劳动实践的重要载体，要引导学生感恩父母，主动承担家庭责任。

二是生产劳动实践。师范生的生产劳动实践是指师范专业特有的教育教学实践，是师范专业实践环节的必修课程，以教育见习、教育实习与教育研习一体化、递进式的“三习”教育实践为主。首先，学校应完善师范生“三习”的实践目标与内容，结合院校定位，充分考虑师范生在毕业时应达到的要求以及在毕业五年后预期取得的成果，合理设置人才培养目标以及不同年级、不同阶段、不同学科的具体“三习”目标。其次，学校应重视“三习”的保障与支持，实践基地建设应注重数量与质量的结合，实践教学的指导教师队伍建设应注重教师的付出与收获并行，物质保障应确保供给与使用并进。[①] 最后，学校应改进“三习”的考核与评价，完善多元评价主

① 张串串．师范专业认证背景下师范生实践教学体系研究［D］．宜昌：三峡大学，2021.

体，包含指导教师、中小学教师及学生自身。尤其重视过程性评价，这也是各高校在师范专业认证中暴露出来的弱点和不足。

三是服务性劳动实践。著名教育家苏霍姆林斯基认为，劳动的意义在于能够在劳动的物质成果中体现自身的智慧、技艺以及对事业的无私热爱和把自身经验传授给其他同志的意愿。师范生肩负着我国基础教育改革与发展的重任，更应加强服务性劳动实践。一方面，组织开展校内公益劳动。如绿色校园建设、劳动主题社团建设、勤工助学等，培养学生主动参与公共劳动的习惯。另一方面，组织开展社会公益劳动。定期安排学生参加助力“双减”、乡村普惠教育、“支边教育”教育扶贫、关爱留守儿童等志愿劳动实践，引导学生在为他人和社会的劳动实践中感受教育的魅力与价值，自觉将自身价值融入国家、社会发展建设中。

（二）劳动教育实践基地建设

本书所指的师范生劳动教育实践基地，因其专业特殊性，倾向于师范教育教学实践基地。师范教育教学实践基地适应了师范生教育理论与实践能力统筹发展的需要，能使学生在真实情景中将教育理论与教学实践有机结合起来，提升教育教学实践能力。①

一是加强实践基地组织管理。师范生的劳动教育实践基地建设一定要保证数量与质量。一方面，学校要根据教育部师范专业认证标准，严格制定实践基地的规范与标准，确保实习生人数与教育实践基地数量比例为≤20：1，避免出现实践基地少而学生多的问题。另一方面，学校根据“UGS 三位一体”协同育人的师范生培养模式，主动与实践基地签订合作协议，明确高校与中小学的权利与义务，规范教育实践基地的管理以满足师范生劳动实践的需要。

二是优化实践教学内容形式。师范生实践教学包含师德体验、教学实践、班级管理实践和教研实践等四项，然而在现有实践中，教学实践比重过高，师德体验、班级管理实践和教研实践存在弱化现象，为解决这一问题，

---

① 高巍，刘瑞．师范专业认证视角下高师院校教育实践基地建设存在的问题及对策［J］．教师发展研究，2018，2（4）：51－56.

一方面，高校应均衡融合实践教学内容，提高师德熏陶与践行、班主任工作实践、教育教学科学研究、少先队或共青团活动组织与策划、家访及家校合作实践等实践内容比重。另一方面，高校应优化实践教学形式，既包含常规“三习”的实践形式，又应主动拓展线上实践、海外实践、农村或偏远地区实践等多种实践，为师范生提供深入农村和山区实习支教、置换培训、顶岗实习以及去国外进行教育教学实践活动的机会和渠道。

三是加强实践教学师资队伍。“双导师”制是当前师范生实践教学改革的热点与趋势。一方面，高校应注重“双导师”的选拔，选择师德高尚、业务精湛的教师担任学生实践指导教师；另一方面，高校要完善“双导师”的激励和培训机制，如教学工作量的核算、评奖评优和职称评聘的倾斜等。使指导教师能有所获得，进而激发指导教师的指导意愿和指导热情，提高指导投入与指导水平。

四是完善实践教学评价体系。客观记录反馈师范生实习的基本情况和实效成果，实现以评促建，以评促改，评建结合，重在建设是实践评价的主要目的。首先，高校应实行多元化评价主体，采用师评、生评和自评等多样化评价方式。其次，高校应关注过程评价和结果评价，尤其是突出过程评价，将评价贯穿于教育“三习”的全过程，关注师范生在教育见习、教育实习和教育研习的实践表现，结合学生个性化需求，进行针对性指导，确保师范生达到毕业要求，满足一线教育教学的岗位标准。最后，高校应建立实践教学考评结果持续改进机制，促进师范生在教育实践过程中成长发展。

三、师范生劳动教育专业课程

劳动教育专业课程并非指劳动教育必修课或选修课，而是指将劳动教育内容与学生的思想政治教育课程、专业课程、创新创业教育课程相融合。高校应倡导“课程劳育”的理念，凸显劳动教育的综合性特点，贯彻“五育并举”理念，在开设和强化劳动教育理论课程、实践课程的基础上，在学生专业课程中融入劳动教育。

（一）劳动教育与师范专业课程

师范专业课程对于引导学生辛勤劳动、诚实劳动和创造性劳动有重要作用，高校劳动教育有机融入学生专业课程，是高校实现劳动育人功能、培养德智体美劳全面发展人才的重要课题。

一是创新专业课程教学内容。在师范专业人才培养方案中，课程体系一般分为思想政治教育、教师教育、语言技能、实践技能等四大内容体系，可分别对应融合劳动教育相关素材。如增强教师职业道德与政策法规的学习，组织师德系列讲座、教育家名师讲坛等系列讲座，达到文化育人、环境育人、课程育人的目的。

二是创新专业课程教学模式。首先，创新课程目标，师范专业人才培养目标包含践行师德、学会教学、学会育人、学会发展。师范专业课程中应该贯彻社会主义核心价值观教育，提升思想道德修养，加强价值观辨别能力。其次，创意课程的设计和实施阶段。其一，建立跨学科、跨专业、跨学校的师生团队，采取线上线下结合的教学方式，强化社会主义核心价值观教育，打造优质的金课。其二，通过灵活利用各种教育资源，指导师范生进行道德反思，借助研究讨论、互动学习和合作学习等方式，最终实现以文育人的目标——将知识传授与价值培养统一起来，使知识教育与道德塑造相互融合，重归育人初衷，重塑育人内涵。①

三是创新专业课程评估机制。首先是评估内容的多样性。强调学生在学校教学评价中的重要地位，重在考核学生的学习成果，包括是否理解和实践社会主义核心价值观，对人类文明有何认知，对宇宙、社会和个人有何看法，是否学会用科学的方法解决复杂的社会问题。其次是评估方法的多样性。评价课程时，需考虑其深度、广度和有效性，尤其要注重培养师范生的思政素养和价值观判断能力。最后，建立有效的评估反馈机制。通过结合专业工具性学习和历史文化的交叉点，运用多种途径对课程进行多角度反馈、思考和优化。

（二）劳动教育与思想政治理论课程

思想政治理论课程是落实立德树人根本任务的关键课程，承担着大学生

---

① 陈欣，黄芙蓉．师范专业通识课程思政育人路径创新研究［J］．学校党建与思想教育，2020（8）：88－90.

理想信念树立、人生道路选择和个人品质塑造的重任。劳动教育对大学生形成劳动意识、掌握劳动技能、树立劳动价值观起关键作用，将劳动教育与思想政治理论课程相结合，有助于学生塑造正确的劳动伦理和劳动价值观，有助于提升学生的爱国主义情怀和综合素质。① 可见，两者在教育目标指引方面具有相关性，决定了劳动教育实践教学和思想政治理论课程同向同行。

例如，在“马克思主义基本原理”课程“劳动在人类社会发展中的地位和作用”章节中，应讲清楚马克思劳动教育观的内涵及其重要意义，让大学生深入了解并掌握“人民创造历史、劳动开创未来，劳动是推动人类进步的根本力量”的劳动观点，并以马克思主义劳动观武装头脑，自觉指导社会实践。在“毛泽东思想和中国特色社会主义理论体系概论”课程中，可以将劳动模范人物与中华人民共和国建设成就的知识点联系起来，通过观看相关影视资料，让大学生感受时代劳模精神和大国工匠精神，并使他们充分认识到，中国特色社会主义能持续取得新胜利的根本原因在于中国人民的辛勤劳动和不懈奋斗，让大学生明白社会主义是等不来的，而是干出来的。在“思想道德与法治”课程中坚持教学与实践相结合，开展对当前就业形势、基层治理、乡村振兴、红色资源等内容的调查研究，对于提升学生服务社会能力，促进学生劳动价值观的树立，提升劳动教育实践实效性具有重要的意义。②

（三）劳动教育与创新创业教育课程

学校的创新创业教育和劳动教育都是旨在更新教学理念和教学模式，以解决人才培养与社会需求脱节的问题。在教育的过程中，面向未来的工作和劳动的共同目标，双方在教育目标上有较强的互利性、在教育内容上有较强的关联性、在教学方法上有较强的共通性。在实践中，可从以下几方面寻求二者融合。

一是制定不断进阶的教育目标。首先，以树立正确的劳动价值观作为基础目标，在此阶段，主要培育和塑造学生的敬业奉献精神、团队合作精神、

---

① 李珂．劳动教育是思想政治教育的应有之义［J］．求是，2018（9）：23－25.

② 杨小军．新时代高校劳动教育探究［M］．北京：中国社会科学出版社，2022：56－58.

责任担当精神等基本的创业素养。其次，以创造性劳动作为进阶目标，在此阶段，主要培育和塑造学生的创新意识和创新能力，提升创造性劳动的素养和水准。

二是设置融合呼应的课程内容。创新创业教育和劳动教育均具有普遍性教育的特征，可以有效补充和丰富“通识型”创新创业教育和“嵌入型”创新创业教育的课程体系。比如，在创新创业教育启蒙阶段，可以设置涉及劳动教育的通识课程，将创业理念与劳动原则有机融合，为培养大学生企业家精神奠定基础。在“嵌入型”创新创业教育阶段，可以结合各专业特点加强本专业的劳动道德教育、劳动法规教育和分析劳动模式趋势与就业前景的教育，帮助学生更好地洞悉创业机会、预测创业风险、加强创业管理能力。

三是共享综合一体的师资队伍。创新创业教育师资与劳动教育师资的相互借鉴性，决定了高校可以将两者的师资共同运用，进行“一体化”建设，可以取得事半功倍的成效。首先，为了培养“双师型”专业教师，应当加强校企合作，促进科教融合和产教融合，积极鼓励并支持专业课教师参与企业的生产和管理实践，开展结合产业需求的研发和教学活动。其次，关于培养“专业化”专职教师，应该将创业教育和劳动科学相结合，培养不仅懂得创业知识还懂得劳动发展规律的教师。最后，关于培养“社会型”兼职教师队伍，高校可以聘请劳动模范、大国工匠、企业家和创业者等担任学生导师，常态化通过讲座、宣讲、座谈等多种方式开展创新创业教育和劳动教育，使学生在榜样的示范引领下，实现自身的劳动意识和创业意识、劳动能力和创新能力的全方位提升。①

第三节　劳动教育的保障体系建设

习近平总书记曾指出，各级党委要把高校思想政治工作摆在重要位置，加强领导和指导，形成党委统一领导、各部门各方面齐抓共管的工作

① 刘丽红，曲霞．论高校创新创业教育与劳动教育的同构共生［J］．中国青年社会科学，2020.39（1）：104－108.

格局。[①] 高校开展劳动教育也离不开完善和加强党的领导体制，形成党政齐抓共管的工作机制来领导高校劳动教育工作，确保劳动教育的有效开展。

一、劳动教育制度保障构建

（一）强化组织领导，完善各项运行机制

完善劳动教育的运行机制是劳动教育工作顺利开展的重要保障，是学校层面最核心的职责。学校要从组织管理、课程建设、安全保障等层面建立完善的运行机制，以此推进本校劳动教育高质量发展。

一是加强组织管理机制。首先，高校建立由党委统一领导，负责人主管、各部门齐抓共管，协同联动、密切配合的领导体制，明确各部门及人员的工作职责的前提下，确保劳动教育得以高效开展。其次，建立系统科学、分工明确的新时代高校劳动教育组织实施的工作制度，学校组织各院系及教师切实将劳动教育融入高校教育教学的环节中，推动劳动教育进课堂、进教材、进头脑。[②] 再次，完善劳动教育的督导机制，改进督导方法。学校设置专门的督导机构对各院系劳动教育课程开展的有效性、实践活动组织的有序性、教学指导的针对性等进行监督与指导，并且公开督导结果，作为衡量各院系劳动教育质量的重要指标，以确保劳动教育高效保质地开展。最后，健全劳动教育的保障机制。高校应从师资队伍、资金投入、物质支持三个方面为劳动教育提供条件保障。

二是完善课程育人机制。课程是专业建设的核心内容，是人才培养的基本要素。首先，高校要开设劳动教育课程，包括必修课程和选修课程，并规定相应的学时、学分。其次，确立课程目标。结合《大中小学劳动教育指导纲要（试行）》和师范生人才培养方案，确立师范生的劳动教育目标，牢固树立“四最”劳动价值观，具备“四有”好教师的劳动能力、劳动精神和劳动品质。再次，规范课程内容，创新课程教学方式。高校可根据所处地区、学校的具体情况，围绕创新创业，结合学科专业特点，广泛开展实习实

---

① 习近平．把思想政治工作贯穿教育教学全过程　开创我国高等教育事业发展新局面［N］．人民日报，2016－12－09．

② 董伟武，龚春宇．新时代高校劳动教育探讨［J］．学校党建与思想教育，2020（24）：26－28．

训、社会实践、志愿服务等各种形式的劳动教育活动，做到课堂讲授与课外实践相统一，校内与校外相配合，动脑与动手相结合。最后，完善课程教学质量考核体系。教学质量的考核是检验教学效果的标尺，它的好坏对教学效果有着重大影响。因此，高校要完善课程教学质量考核体系，建立学生劳动素养评价制度，将学生劳动教育课堂表现与劳动教育实践活动表现等要素都纳入综合素质评价体系，并把劳动素养评价考核结果作为学生评优评先的重要参考和毕业依据。

三是构建安全保障机制。在劳动教育实施中，安全问题尤为重要。首先，加强学生日常安全教育。学校可常态化组织开展安全教育课程、校园安全演练、校园急救知识培训等，促使学生的安全意识提升、掌握安全防护知识。其次，做好劳动实践安全防护。学校在安排学生参与劳动实践活动时，应根据学生的身心发展特征，切实关注劳动任务及场所设施的适宜性，合理安排劳动的时长与强度；科学评估劳动实践活动的安全风险，做好安全管理，认真排查、清除学生在劳动实践中的各种隐患；准备充足的劳动防护工具和必备的医疗用品，条件许可的情况下，配备一定的医护工作人员随时保障学生的身心健康。最后，完善学校保险体系。在学生外出参与生产劳动或服务性劳动实践活动时，为学生购买必要的意外伤害保险，并鼓励引导家长和学生购买健康医疗保险，为学生安全保驾护航。

（二）整合劳育资源，构建协同共育体系

学校不是开展劳动教育的孤岛，劳动教育从来不只是高校一方的职责，因此需要打破以往高校教育相对自我封闭的状态，积极构建学生、家庭、学校、社会四方联动、协同育人的整合机制。

一是调动学生参与劳动教育的主动性。学生是影响劳动教育实施效果的重要内在因素。首先，引导学生树立正确的劳动价值观。高校应通过开设劳动教育理论课堂、举办劳动实践活动，让学生理解劳动的重要性，向学生传递劳动最光荣、劳动最崇高、劳动最伟大、劳动最美丽的“四最”劳动价值观，激发高校学生对劳动的热情和兴趣，愿意主动了解劳动教育知识、参与劳动实践。其次，帮助学生掌握熟练的劳动技能。掌握熟练的劳动技能能够帮助学生理解劳动教育理论知识，提高适应社会的能力。因此，高校应为学生创建良好的教育平台，通过开设不同专业的各类实践课程、创办各类实践基地、举办各类比赛等方式，使学生能够根据专业的特点完善劳动技能，加深对劳动理论知识的理解和掌握。最后，组织学生积极参与劳动实践锻炼。劳动实践锻炼能够将学生的劳动认知转化为实际的劳动行为和习惯，并且能够使学生在具体的劳动中形成积极的劳动精神和良好的劳动品质。

二是发挥家庭在劳动教育中的基础作用。家庭是人生的第一所学校，家长是孩子的第一任老师，家庭教育在劳动教育中发挥着奠基作用。首先，挖掘服务自我的劳动教育资源，老师和家长应该指导学生在能力范围内照顾自己，锻炼学生自我管理的能力。其次，挖掘服务家庭的劳动教育资源。老师和家长有责任引导学生在力所能及的范围内分担起家庭生活共同的家务劳动，如打扫卫生、做饭帮厨等家务。最后，挖掘服务亲友的劳动教育资源。老师和家长要教导学生尊老爱幼、细心照顾他人等具备道德和礼仪特质的家务劳动。家庭成员个人的劳动背景、劳动习惯、劳动态度也是对家庭劳动教育至关重要的资源。学校可以主动开发这种劳动教育资源，与家长共同为孩子提供劳动教育。①

三是重视社会在劳动教育中的支撑作用。学生应该置身于真实的社会场景和劳动场景实施劳动。首先，建设实践育人基地，发挥“UGS”三位一体育人体系优势资源。其次，整合媒体资源，加大宣传力度。利用线上和线下两种形式加大对劳动教育的宣传力度，营造良好的舆论环境。也可以发动文艺界的力量，发挥其宣传功能，组织文艺演出进校园等活动，让高校学生亲身接触一些反映劳动精神与风貌的优秀作品，引导青年学子树立正确的劳动观念，养成勤俭节约、敬业奉献、开拓创新、砥砺奋进的新时代劳动精神。

（三）提供条件支撑，优化支持保障体系

任何教育都需要条件支撑，劳动教育的开展同样也需要学校在人、财、物三个方面提供条件支撑和保障。

一是加强师资建设。百年大计，教育为本；教育大计，教师为本。教师是学生的引路人，一支有深厚劳动情怀、道德情操、扎实知识和仁爱之心的

① 钟飞燕．新时代学校劳动教育研究［D］．长春：吉林大学，2021.

教师队伍，是高校劳动育人有效开展的重要保障。首先，成立跨学院、跨学科的公共性劳动教育教研团队，研究不同学科专业背景下劳动教育实施的目标和任务，以此指导院系劳动教育工作的开展。其次，建立专兼职相结合的劳动教育师资队伍，配备劳动教育专任教师，并聘请劳动模范、大国工匠、教育家等担任兼职劳动教育指导教师，制订培训培养计划，做到有计划地加以培养。再次，开展劳动教育教师培训，加强高校教师的劳动意识和观念，提高他们开展劳动教育的主动性，定期对承担劳动教育课程的教师进行培训，以提升其专业水平。最后，建立健全劳动教育教师工作评估考核系统，完善评价标准，打通职称评聘通道，确保考核评价科学、公正，保障劳动教育教师与其他教师在绩效评估、职称晋升等方面具有相同的待遇。

二是加大经费投入。资金投入是劳动教育顺利开展的物质保证，经费不足会严重阻碍劳动教育的可持续发展。因此，要保障劳动育人的实效性，高校要加大资金投入，确保每学年都有专项经费投入劳动教育的工作开展中，助力劳动教育的课程建设、教师培训、基地建设、评优表彰等方面常态化发展。同时，高校还可以采取多种形式筹措资金，比如联合政府、企事业单位等，吸引社会各方力量的捐赠，为劳动教学设施设备的日常更新保养和维护提供资金保障，保证教育教学设施设备满足师生需要。

三是提供物质支持。物质支持也是劳动教育顺利开展的重要保障。包括为各学院学科发展提供相应的教学设施、设备、器材、场地；为学校师生的劳动教育课堂提供充足的书籍、音像资料、教学器材，为劳动教育实践活动提供校内、校外的实践场所；为教师的专业发展提供物质支持，如为教师的劳动教育培训和劳动教育科学研究等提供场所、工具等支持。①

二、劳动教育校园文化营造

校园文化是学校发展进步的精神灵魂，它是团结师生、塑造学校形象、提高教育质量的重要体现，是劳动教育的重要载体。② 高校要积极打造具有

① 严怡．石定芳．新时代高校劳动教育指导［M］．重庆：西南大学出版社，2022：79－88.
② 齐振东．新时代大学生劳动精神培育研究［D］．哈尔滨：哈尔滨师范大学，2023.

劳动特色的高校校园文化，以文化育人，提升高校校园文化建设的实际效果。

（一）树立优良校风、教风、学风

高校校风、教风、学风是人才培养风貌的综合体现，能很好地反映学校办学水平和师生的精神风貌，高校要将劳动教育融入校风、教风、学风，形成齐抓共管、三全育人的工作思路。

一是加强优良校风建设。校风是一所学校的精神和灵魂，有着极强的激励、凝聚和导向作用。首先，高校应营造蓬勃向上的思想环境，以党建为引领，加强马克思主义劳动观教育，引导师生树立正确的劳动价值观，从校领导到一线教师再到高校学生，都应将辛勤劳动、诚实劳动、创造性劳动作为共同精神追求和价值取向。其次，高校要打造创新求实的文化环境，充分运用各种文化宣传载体，营造积极进取、踏实笃行的精神风貌。最后，创设以人为本的管理环境，坚持以学生为中心，为学生全面发展创设良好的管理制度，用校风引领校园文化。

二是加强优良教风建设。教风是教师的风貌，是教师德与才的集中表现。师范生的教师，不仅肩负着学生成长成才的使命，更承担着引领我国基础教育改革与发展的神圣职责。首先，高校应加强师德师风建设，教师的师德水平会潜移默化地影响师范生的道德情操，应注重选树典型示范，如“最美教师”“师德标兵”。其次，高校应注重强化提升教师的职业技能，如教育教学能力、教育科研能力，坚守立德树人初心使命，坚持两代师表共成长，提高人才培养质量，为国家富强、民族复兴培养德智体美劳全面发展的合格建设者和接班人。

三是加强优良学风建设。学风是学生学习态度、学习习惯、学习方法、学习精神的外在表现，受校风和教风的深刻影响。优良学风有利于学生的全面发展。首先，高校应完善奖评制度，尤其对于家庭经济困难的学生，更应完善奖学金、助学金评选制度，发挥朋辈模范榜样的引领作用，磨炼学生艰苦奋斗的意志。其次，搭建学术创新教育平台，培养创新型人才，一方面，大力开展大学生科技创新活动，指导学生立足学科专业特点和当前社会研究热点，进行科学研究，培养学生创新能力。另一方面，要鼓励大学生参加各类学科竞赛，如“互联网+”大学生创新创业大赛、挑战杯全国大学生课外学术科技作品竞赛、乡村振兴大赛、师范生教学技能竞赛等，以赛促学，提升专业素养，引导学生塑造攻坚克难、敢于创造的劳动精神。

（二）丰富文化宣传载体

高校的文化环境、文化氛围是开展劳动教育的隐性教育资源，高校应该注重劳动教育文化宣传工作。

一是劳动教育主题网址建设。高校劳动教育应注重大学生劳动观念、劳动精神、劳动行为的培养与塑造，劳动教育主题网站建设需要做到目标明确、主题突出，坚持全面性、广泛性、针对性相结合，融合思想性、知识性、趣味性和服务性，用学生喜闻乐见的方式如主题漫画、主题研讨、先进事迹等宣传新时代中国特色社会主义劳动观，开展生动活泼的线上思想政治教育活动，促使学生在上网娱乐时也能潜移默化地接受劳动教育，进一步提高线上劳动教育的吸引力和感染力。此外，劳动教育主题网站需要重点解决大学生关心的热点和难点问题，解答他们在劳动权益等方面的困惑，努力提高线上网络教育的实效性和针对性。

二是新媒体舆论引导。目前，许多高校都建立了微信公众号、抖音账号、微信视频号等多渠道交流平台，构建线上线下的混合式教学模式，利用微信公众号的相关链接和视频推送传播劳动模范、能工巧匠的事迹，传播正能量，同时要密切关注和正确引导大学生在新媒体平台发表的一些与劳动相关的观点，始终把“以辛勤劳动为荣”作为大学生劳动教育的主旋律，努力营造劳动光荣、劳动伟大的校园氛围。

（三）构建第二课堂活动体系

第二课堂活动作为第一课堂的有效补充，是学生学习生活的重要组成部分，蕴含劳动教育内容和意义的第二课堂活动有助于学生树立正确的劳动价值观，根据“学生中心、产出导向、持续改进”的成果导向教育理念构建课程化第二课堂活动体系。

一是课程目标体系构建。根据成果导向教育理念，学生第二课堂活动的目标应该服务于师范生的人才培养目标和毕业要求，有效支撑学生达成“战行师德”的毕业要求。比如可以组织开展“寻找身边最美劳动者”“拜访最美教师”“关爱留守儿童”“助力乡村振兴普惠教育”等主题活动，促使师范生体会一线教师劳动的艰辛，感悟教育的使命感与责任感。

二是课程内容体系构建。第一课堂以讲授理论知识为主，第二课堂以实践感悟为主。一方面，高校应注重师范生志愿服务文化的养成，志愿服务文化以“奉献、友爱、互助、进步”为主旨，志愿服务遍布校内外各行各业，在扶贫支教、心理疏导、生态建设、社会救助等方面发挥着重要作用，培养志愿精神有利于劳动精神落地生根。另一方面，高校应注重师范生教育家精神的养成。教育家精神是爱国、爱学生、爱教育的大爱精神，是教育工作者的精神内核。高校可以邀请劳动模范、最美教师、师德标兵、大国工匠等先进模范开展主题讲座，营造崇尚劳动的校园文化氛围，弘扬教育家精神和劳动精神。同样，高校还可以挖掘重大活动、重要节日、重要事件的劳动教育资源，组织开展劳动周、劳动月等主题活动，如利用植树节、劳动节、教师节等这些具有浓厚劳动氛围的节日，组织开展相关主题的劳动教育活动。还可以组织学生参加大型集体劳动，开展劳动技能竞赛、以劳动精神为主题的征文比赛等系列活动，并对优秀作品进行集中展示。同时，组织引导学生社团、学生组织以“劳动”为主题举办学生活动，如辩论社团在选择辩题时，可以考虑当前劳动发展过程中的人们的一些认知或伦理问题，类似“人工智能时代是否应该交给机器人”等辩题，不仅具有辩论的讨论性，更能够启发学生深刻思考现实劳动问题，从而澄清大学生的劳动困惑。[①]

三、劳动教育评价体系完善

劳动教育评价是劳动教育体系建设的重要组成部分，对引导劳动教育的实施走向、促进劳动教育的目标实现、探究劳动教育实施的问题、保障劳动教育的实际效能以及激励劳动教育的实践创造等具有极为重要的意义。学校劳动教育评价主要包括评价主体、评价理念、评价标准、评价方法等要素。因此，构建新时代高校劳动教育评价体系有助于更好地发挥劳动教育评价的积极功能，提升劳动教育质量。

---

① 卢心悦．新时代大学生劳动教育研究［D］．上海：华东师范大学，2020.

（一）明确劳动教育评价主体

评价主体多元化已成为当前教育改革的共识，劳动教育的评价主体也不例外。一般而言，高校劳动教育评价主体主要由校内主体和校外主体构成。校内主体包含学校、教师、学生，校外主体包含教育管理部门和第三方机构。

学校要切实承担劳动教育主体责任，明确实施机构和人员，开齐开足劳动教育课程，不得挤占、挪用劳动实践时间。学校要肩负起对劳动教育开展情况的实施监管。教师是劳动教育的最终落实主体，教师队伍和教师工作考核体系的完善程度直接影响劳动教育的成效。学生是劳动教育活动中不可或缺的重要主体，要引导学生对自身劳动教育成效情况进行反思。政府和教育主管部门应该承担起督导检查和宣传引导的工作。高校劳动教育的开展并不局限于学校，第三方机构也是实施劳动教育的重要场所，让学生能在劳动实践岗位中体验真实的劳动场景，是教育与生产劳动相结合的应有之义。同时，在高校劳动教育评价中，引入第三方机构有助于提升劳动教育评价的客观性和公平性。

（二）明确劳动教育评价理念

一是突出成果导向。《大中小学劳动教育指导纲要（试行）》指出，把劳动教育纳入人才培养的全过程，将劳动素养纳入学生综合素质评价体系，重点考查学生对与职业发展密切相关的劳动科学知识和劳动技能的掌握情况，提升学生在劳动实践中创造性地解决问题的能力。所以高校劳动教育评价必须坚持成果导向，在人才培养体系中促进学习者劳动素养的提升，在专业人才培养质量的评价中考查劳动教育的成效。师范生的成果应该结合师范专业人才培养方案和教育部的“践行师德、学会教学、学会育人、学会发展”的标准，重点考查其教师劳动知识、教师职业技能掌握情况。

二是强调多元融合。《大中小学劳动教育指导纲要（试行）》指出，应该将过程性评价和结果性评价结合起来，开展劳动教育过程监测与记实评价，发挥评价的育人导向和反馈改进功能。教育部关于印发《普通高等学校师范类专业认证实施办法（暂行）》的通知强调，对师范类专业教学进行全方位、全过程评价，并将评价结果应用于教学改进，推动师范类专业人才培养质量的持续提升。高校师范生劳动教育评价也应符合该标准，根据不同年级或者不同学期的师范生培养要求和目标考查劳动教育的效果，通过学校、社会与个人相结合的动态评价模式监测和反馈学生在劳动素养方面的获得与不足，为后续有针对性地开展劳动教育提供依据，达到以评促建的目的，健全监测—反馈—导向的良性动态评价模式。

（三）明确劳动教育评价标准

劳动教育评价标准可以从高校劳动教育开展过程中学生劳动素养的提升程度和学校对劳动教育的支持力度两个方面进行构建。

一是学生自身劳动素养的提升程度。学生劳动素养的提升是劳动教育的根本目标，在评价指标体系中占据核心位置。对学生劳动素养的评价可以从劳动价值观、劳动知识与技能、劳动精神品质等三个维度展开。首先，劳动价值观是劳动教育的核心，师范生通过参加各类劳动教育活动后，领悟劳动的意义，培育勤俭、奋斗、创新、奉献的劳动精神，开展劳动教育观念自我评价，形成正确的择业、就业和创业观。其次，劳动知识与技能的获得程度代表学生对劳动基本知识和基本技能的掌握程度。认识是行动的前提，因此，劳动知识与技能的获得程度是检验劳动教育实效性的评价指标之一。最后，劳动精神品质的提升。大学生劳动教育的成效不仅要关注外在的行为表现、参加劳动的频率、劳动成果等可视化的内容，还要关注大学生内在的情感体验，如他们对待劳动和劳动人民的态度。①

二是学校对劳动教育的支持力度。要从学校基础性条件的支持、发展性需求的融入和创新性成长的展现三个方面对高校劳动教育的支持力度进行评价。首先，师资队伍建设、课程体系建设、制度保障、文化营造等四个方面，是学校开展劳动教育的基础条件。其次，发展性需求的融入主要包括理论劳育和实践劳育两部分，是学校深化劳动教育的核心价值观和实践拓展的路径，理论劳育不仅指劳动教育理论课程的开设与实施，更包含学校教师开展劳动教育的科学研究，实践劳育主要包括组织专业类学科竞赛、校外实践基地建设、课外劳动技能培训等。最后，创新性成长的展现主要是指学校开

① 戴家芳，朱平．论对劳动教育成效的评价［J］．中国德育，2017（9）：34－38.

展的特色劳动教育，是学校结合办学特色、专业特色在劳动教育领域进行创新、增强劳育效果、扩大劳育影响的体现。特色劳育主要包括劳育目标、特色定位、成果呈现、应用推广等，如一校一品牌、一校一特色。

（四）明确劳动教育评价方法

量化评价和质性评价是进行劳动教育评价的主要方法，两种评价方法各有特点，在劳动教育评价中承担着不同的任务。量化评价注重数据分析，质性评价注重事实认识和价值认识的结合。①

一是量化评价。量化评价是根据劳动教育目标，通过问卷的制作、发放与回收等对学生开展调查，并按照一定的标准对测试结果加以量化分析的一种评价方法，逻辑性强，标准化和精确化程度较高，结果更加客观。量化评价主要有调查研究法、实验法等。其一，调查研究法，首先要明确调查目的与对象，设计关于劳动教育实施与评价的问卷与访谈提纲，进行预调查，多次修改问卷设计维度与量表，以提高调查数据的信度；其次，对调查数据进行仔细分析，分类整理访谈资料，归纳总结出调查结论；最后，剖析调查对象存在的问题并进行归因分析，提出相应的改进措施。其二，实验法，选取部分学生作为对照组，在同样的大环境条件下，改变某些自变量，尽量保持其他因素的一致性，逐渐探索出最适合高校学生的劳动教育形式、内容。

二是质性评价。质性评价在于对评价信息的收集、整理与评价结果的呈现。质性评价方法主要有观察法、叙事研究法等。其一，观察法，评价者可以通过观察学生在劳动过程中表现出的劳动观念、劳动行为和劳动习惯等情况，推断出学生在劳动教育中所处的阶段，帮助教师更好地选择和确定劳动教育内容和方式，实现因材施教。此外，在观察中可能会发现一些有趣的小故事，这些故事能够为学生劳动日志、劳动成长档案提供直接的一手资料，能比较真实地体现学生在劳动教育中不断进步，注重对劳动教育过程的评价，实现“不比基础比进步”的劳动教育增值性评价。其二，叙事研究法，研究者以叙事、讲故事的方式表达对劳动教育评价的理解，是教师在劳动教育评价活动中对实事、实情、实境所做的记录，从而获得对劳动教育评价的

---

① 王本陆．课程与教学论［M］．北京：高等教育出版社，2009：276.

解释性意见。[①] 让读者从故事中体验劳动教育评价是什么或应该怎么做。例如，在对劳动教育进行评价时，可以将学生劳动情况和相关劳动教育材料整合成劳动日志、学生劳动个人档案，记入学生综合素质成长档案，作为学生评奖评优、升学就业推荐的参考信息，让教师、家长了解学生在参与劳动教育活动中发生的一些小故事，探索学生劳动行为的变化过程，分析学生劳动观念的新旧更替等。运用这种方法，研究高校在劳动教育活动中发生的故事，从而挖掘并认识隐含在复杂多变的劳动教育实践中的深层规律，在反思中探寻事件或行为背后所隐含的意义，是叙事研究的应有之义。[②]

---

① 伯克·约翰逊，拉里·克里斯滕森．教育研究定量、定性和混合方法（4 版）［M］．马健生等译．重庆：重庆大学出版社，2014：346－377.

② 严怡，石定芳．新时代高校劳动教育指导［M］．重庆：西南大学出版社，2022：120－147.

第四章　家庭教育：师范生劳动教育基础实践路径

习近平总书记曾多次强调，要“注重家庭、注重家教、注重家风”。①研究师范生的劳动教育，离不开对家庭教育的探索。同时，研究家庭教育，需要紧紧围绕家庭、家教和家风。正如曾平生所言，注重家庭是家庭建设的前提，注重家教是家庭建设的关键，注重家风是家庭建设的归宿。② 故本章从家庭、家教、家风三个维度阐述师范生家庭教育的具体实践路径。

第一节　注重和谐家庭环境建设

一、挖掘家庭内涵

（一）古希腊时期的家庭思想

早在古希腊时期，就有许多学者针对家庭问题发表了自己的看法。他们主要从夫妻关系、亲子关系和兄弟之间的关系入手，较为浅显地阐述了家庭的内涵。

首先，大多数学者认为，夫妻关系始终处于核心地位。因为男女之间存在生理差异，只有男女进行自然结合才能繁衍后代，因此男女结合是家庭形成的前提条件。同时，夫妻关系应当是相互合作分工的。由于生理差异，男性适合在外赚钱，女性则适合在家管理。唯有夫妻双方都各尽其职，家庭才

① 习近平．在2015年春节团拜会上的讲话［N］．人民日报，2015－02－18（01）．

② 曾平生．习近平家庭建设观研究［D］．南昌：南昌大学，2020．

能越来越幸福。其次，针对亲子关系，他们认为，父母抚养并教育了子女，故子女应当始终尊重父母、关爱父母。最后，兄弟之间的关系应是和睦的。兄弟之间要做到相互帮助、相互成长，即使发生矛盾也应当及时解决。

（二）近代家庭思想

步入近代，家庭思想的内涵愈发丰富。学者们开始了对家庭本质内涵的考察。例如，奥地利心理学家、精神分析学派创始人弗洛伊德认为，家庭是肉体生活与社会机体生活之间的联系环节；美国社会学家伯吉斯和洛克在《家庭》一书中强调，家庭是以婚姻、血缘或收养为纽带的联合群体；黑格尔则在《法哲学原理》中，从婚姻、财产、教育三个方面对家庭的本质进行了阐释，并把家庭看成是一个社会生活共同体。① 然而，这些学者的观点都未涉及社会生产，直至马克思、恩格斯才真正揭示了家庭的本质。

（三）马克思与恩格斯的历史唯物主义家庭观

1. 家庭的本质是一种社会关系

随着社会的发展进步，出现了基本的社会组织即家庭。马克思、恩格斯在前人研究的基础上紧密结合社会生产，指出："在生产、交换和消费发展的一定阶段上，就会有相应的社会制度、相应的家庭、等级或阶级组织"。② 他们认为，对家庭的阐释应当坚持历史唯物主义，家庭是在社会生产关系发展到一定程度后，必然产生的社会现象。因此，可以得出，家庭的本质是具有客观实在性的一种社会关系。马克思在《政治经济学批判》序言中还说道："物质生活的生产方式制约着整个社会生活、政治生活和精神生活的过程。"③ 在他看来，家庭不仅随着社会发展而产生，还会受到社会生产力的制约。

2. 家庭包括自然关系与社会关系

家庭作为社会的重要构成部分，其本质是一种社会关系。社会关系意味着家庭要通过社会劳动等方式搭建起与社会联系的桥梁。除了本质的社会关系外，家庭还存在着自然关系。马克思、恩格斯指出："生命的生产，无论

---

① 曾平生．习近平家庭建设观研究［D］．南昌：南昌大学，2020.

② 马克思恩格斯全集：第四十七卷［M］．北京：人民出版社，2004：440.

③ 马克思恩格斯选集：第一卷［M］．北京：人民出版社，1972：10.

是通过劳动而生产自己的生命，还是通过生育而生产他人的生命，就立即表现为双重关系：一方面是自然关系，另一方面是社会关系”。① 家庭的繁衍正是生产他人生命的体现，也是家庭与社会联系的桥梁。人类渴望不断地繁衍后代，因此家庭的自然关系正是起到了生产他人生命的重要作用，并建立起人与人之间的相互义务，如亲子之间的教育义务。

3. 家庭的生产与情感功能

家庭功能包括两大方面，即生产与情感。家庭的生产功能指的是家庭既承担物质生产的功能，也发挥自身生产的作用。物质生产，简单来说，就是通过社会劳动产生物质资料，以此满足家庭的日常生活需要。同时，他们认为，“每日都在重新生产自己生命的人们开始生产另外一些人，即繁殖。这就是夫妻之间的关系，父母和子女之间的关系，也就是家庭。”② 由此可知，家庭同样也承担生命的生产这一重要功能。家庭的情感功能就是指家庭起到调节家庭成员情绪、心理的作用。家庭作为家庭成员的避风湾，有责任为其成员提供情感的理解与关怀。只有家庭真正发挥好了这项功能，家庭成员才能更加团结友爱，家庭建设才能向良好和谐的氛围发展。

（四）我国新时代家庭观

1. 家庭是社会的基本细胞

习近平总书记指出，“家庭是社会的基本细胞”。③ 由此可知，习近平总书记坚持唯物史观，进一步阐述了家庭的社会属性，并点明了家庭在社会生活中的基础性地位。再者，习近平总书记强调：“家庭和睦则社会安定，家庭幸福则社会祥和，家庭文明则社会文明。”④ 在他看来，社会的安定、祥和、文明离不开家庭的基础作用，只有家庭这个基本细胞健康发展，社会这个有机体才能长远发展。

2. 先大家后小家

习近平总书记指出，“国家好，民族好，家庭才能好。”⑤ 也就是说，他

① 马克思恩格斯文集：第一卷［M］. 北京：人民出版社，2009：532.
② 马克思恩格斯文集：第一卷［M］. 北京：人民出版社，2009：532.
③ 习近平. 在2015年春节团拜会上的讲话［N］. 人民日报，2015-02-18（01）.
④ 习近平. 习近平谈治国理政：第二卷［M］. 北京：外文出版社，2017：353-354.
⑤ 习近平. 习近平谈治国理政：第二卷［M］. 北京：外文出版社，2017：354.

认为国家和民族是家庭得以延续发展的重要前提，因此，必须把国家和民族放在首位，做到先大家后小家。习近平总书记《在纪念朱德同志诞辰130周年座谈会上的讲话》中指出，早在朱德青年时期，“就表达了‘祖国安危人有责，冲天壮志付飞鹏’的远大志向”，并“立下‘志士恨无穷，孤身走西东。投笔从戎去，刷新旧国风’的誓言”。[①] 不难看出，习近平总书记认为我们应当心怀家国情怀，正确对待大家和小家的关系。

3. 家庭梦融入民族梦

在“先大家后小家”的基础上，习近平总书记认为，我们应当志向远大，将自己的梦想同民族梦紧密联系。我们当牢记，只有为民族奉献的梦想才是伟大的。此外，习近平总书记还提道：“为实现中华民族伟大复兴的中国梦而奋斗，是中国青年运动的时代主题。”[②] 在他看来，实现中华民族伟大复兴的中国梦离不开每一个家庭中青年的砥砺奋斗。因此，吾辈青年应当响应习近平总书记的号召，脚踏实地，艰苦奋斗。

4. 每个人都有人生出彩和梦想成真的机会

习近平总书记强调，“没有妇女解放和进步，就没有人类解放和进步”。[③] 不难看出，习近平总书记始终坚持男女平等的理念，愿意相信妇女的力量，愿意支持妇女解放和进步事业。正是因为妇女的智慧与力量是无穷大的，所以习近平总书记才不断鼓励妇女站出来，勇敢追寻自己的梦想，书写自己的人生华章。同时，妇女的解放也促进家庭的解放，有利于家庭的进一步发展。

5. 家庭幸福美满

国家的繁荣、社会的进步都离不开家庭的建设。只有家家户户的生活都幸福美满，社会运作才能井然有序。习近平总书记指出，“国家富强，民族复兴，人民幸福，不是抽象的，最终要体现在千千万万个家庭都幸福美满

---

① 习近平．在纪念朱德同志诞辰130周年座谈会上的讲话［N］．人民日报，2016－11－30（02）．

② 习近平．习近平谈治国理政：第一卷［M］．北京：外文出版社，2018：53．

③ 习近平．习近平出席全球妇女峰会并发表讲话［N］．人民日报，2015－09－28（03）．

上，体现在亿万人民生活不断改善上。”① 在他看来，中国梦要真正落实在人民生活品质的提高，落实在家庭生活的幸福美满。同时，家庭的幸福美满离不开人民的付出与行动。因此，习近平总书记始终认为人民是中国梦的主体，要把实现人民幸福作为家庭幸福美满的一部分。

二、优化家庭环境

家庭是孩子的第一所学校，家长是孩子的第一任老师。家庭环境对师范生劳动态度、劳动习惯、劳动技能的形成有着重要影响。在热爱劳动、自立自强的家庭环境中成长起来的师范生普遍具有更好的劳动素养。建设良好的家庭劳动环境需要家庭中每一位成员的努力。只有家庭成员共同参与家庭劳动，尽到应尽的责任，才能给孩子营造一个健康的家庭环境。

（一）父母自身带头劳动

父母的一言一行孩子都看在眼里，会潜移默化、润物无声地影响孩子的言行举止。父母要树立“劳动最光荣、劳动最崇高、劳动最伟大、劳动最美丽”的观念，乐于参与各种劳动，做好孩子的带头作用。劳动的类型有很多，主要有日常生活劳动、生产劳动和服务性劳动。在日常生活中，父母应当保持着积极的劳动态度，有计划地、有规律地打扫家庭卫生、清洗衣物、整理内务，勤于做家务，为孩子树立榜样。在条件允许的情况下，父母可以带领孩子参观自己的工作场所，向孩子展示自己从事生产劳动时认真的态度和勤劳的身姿，让孩子切身感受到劳动创造美好生活的道理，培养孩子正确的择业观与就业观。同时，父母还可以和孩子们交流分享自己的工作日常，传递正确的劳动价值观，使孩子懂得“生活靠劳动创造，人生也靠劳动创造”的道理。② 工作之余，父母还可以积极参与社区志愿活动，注重行为示范。在各种劳动活动中展示自己勤劳诚实的劳动态度及自觉主动的劳动习惯，以此影响和感染孩子积极主动地参与劳动，培养孩子的劳动素养。

（二）孩子主动参与劳动

随着人们生活条件的逐步提高及应试教育的影响，很多家庭的长辈们主

① 习近平．习近平谈治国理政：第二卷［M］．北京：外文出版社，2017：354.

② 习近平．让孩子们成长得更好［N］．人民日报，2013－05－31（01）.

动承担了原本应当由孩子完成的家务劳动，比如叠被子、整理房间、收拾书包，家庭中呈现出孩子除了学习之外不需要做任何事情的现象。长辈们的这些行为看似是为了孩子好，其实在无形之间剥夺了孩子劳动的权利，不利于孩子的全面发展。久而久之，孩子们可能会发展成为轻视劳动、不会劳动、不珍惜劳动成果的人。

劳动教育是全面发展教育的重要构成要素，劳动可以促进孩子健康成长。对孩子的劳动教育应当从小抓起，从带领孩子参与家庭劳动活动开始。

幼儿园时，父母应当注重孩子劳动意识的启蒙，通过讲故事、亲身示范等形式使孩子意识到人人都应该参与劳动、劳动是光荣的。在这一时期，小朋友们可以从最基本的自我服务劳动做起，学习穿衣服、叠衣服、穿鞋子等，发展日常生活自理能力，做好个人家务。

小学是孩子习惯培养的关键时期，小学生好奇心强、乐于尝试和模仿。在父母要抓住这一关键期，重视孩子劳动习惯的培养。小学阶段，孩子的身心都获得了一定的发展，动手能力也有了质的飞跃。孩子们可以主动承担一些简单的家庭公共劳动，如扫地、洗碗、整理房间，参与到公共家务中。在劳动习惯培养的过程中，家长应当注重结合孩子的个性特征因材施教，巧妙激发孩子的劳动兴趣。在孩子保质保量完成劳动时，父母可以适当地给予口头或物质上奖励，也可以灵活地运用劳动积分卡等激励措施，形成具有家庭特色的长效机制，让劳动成为孩子“下意识”的行为。①

初中阶段，孩子已具备了一定的劳动知识与技能，基本可以完成家中的各项劳动活动。在课余时间，孩子可以向父母学习厨艺，经历食材处理、烹饪、装盘、清洗碗筷的全过程，感受劳动带来的收获与喜悦。同时，孩子还可以和父母一同参与社区的志愿服务，学会和他人合作劳动，感受参与公益劳动所带来的喜悦。通过公益劳动认识到劳动不仅应为自己服务，还应服务他人与社会。②

高中阶段，孩子可以在寒暑假期间有计划地参与一些生产劳动及服务性

---

① 高杰．发挥好家庭在劳动教育中的基础作用［J］．中国民族教育，2020（5）：7.

② 周思瑶．小学生家庭劳动教育的现状与改进策略研究［D］．长沙：湖南师范大学，2021.

劳动，体会不同职业劳动的特点，通过现场观察和亲身体验增进对劳动和劳动者的理解、认同和尊重。[①]

大学阶段，师范生除了参与家庭的家务劳动外，还可以积极地报名参加各项师范生技能大赛，主动参与各种见习、实习及社会志愿活动。师范生技能大赛是师范生提升自身教育教学技能，实现自身劳动价值的重要途径。见习与实习是师范生进入教师岗位的必经之路。师范生积极参与见习、实习，有利于其加深对教师职业的理解，认识到教师职业的重要性，形成正确的就业观，树立乐于奉献、进取奋斗的劳动精神。在参与社会实践方面，师范生可以有选择地参与更加适合自己的志愿活动，如青少年宫、工会等社会组织创办的假期托管志愿活动，发挥自己的专业特长，实现更有价值的劳动创造。在服务他人的同时，师范生还可以提升自己的语言表达能力、班级管理能力等各项教育技能。

（三）营造和谐家庭劳动氛围

家庭氛围是指家庭系统中，由家庭成员间的互动所共同营造的、个体体验到的一种心理氛围，是家庭成员对家庭内部关系的各种特征的感知。[②] 浓厚的家庭劳动氛围对孩子劳动素养的培养有着正向促进作用。营造和谐家庭劳动氛围可以从以下几点入手。

第一，加强家庭成员间的劳动话题交流。家庭成员间的相处方式与交流内容直接影响孩子对世界的认知。家庭是孩子赖以生存的沃土，是孩子形成劳动认知与劳动价值观的重要场所。在日常生活中，父母可以与孩子一同观看《匠心》《大国工匠》等纪录片，互相交流观后感，感受劳动模范身上渗透出的劳动精神。同时，父母还可以结合一些与劳动相关的新闻、日常发现的事情，表达自己的看法，在交流的过程中潜移默化地向孩子传递劳动最光荣、劳动不分贵贱的观念。在劳动话题交流时，父母要抓住交流的本质，除了表达自己的观点，还应该多去聆听孩子的想法，增进对孩子劳动观念的了解，及时纠正孩子不正确的劳动价值观，帮助孩子明白劳动的价值与意义。

① 郭梅英．大学生劳动教育现状及对策研究——以内蒙古六所高校为例［D］．呼和浩特：内蒙古师范大学，2021.

② 付彩霞．家庭氛围量表的编制及信效度检验［D］．广州：广州大学，2023.

第二，安排固定的家庭劳动岗位。家庭中有着各种劳动活动，如倒垃圾、洗菜洗碗、洗衣叠衣等。家庭成员可以开展家庭会议，一起设置家庭值日表，安排固定的劳动岗位，将这些家务活动包干到人，营造人人参与家庭劳动的良好氛围。同时，家庭内还可定期开展大扫除活动，一起创造更加卫生、美丽的家庭环境。这不仅有利于增进家庭成员间的情感联系，也有利于加强家庭成员的责任感。

第三，设置家庭公益劳动日。家长可以依托植树节、五一劳动节、学雷锋纪念日等节日，选定家庭公益劳动日，带领孩子走向社会、服务大众。例如，父母可以带领孩子走入农田，植树造林；带领孩子走进敬老院，关心帮助老人；带领孩子慰问环卫工人，树立正确的劳动价值观。周末或寒暑假期间，父母还可以带领孩子一起参与社区劳动服务。通过公益劳动，增加家庭成员的社会责任感与道德品质。

三、家范和师范

（一）家范和师范的概念

冯志珣认为：“家范即家人所必须遵守的规范或法度，它是旧时父祖长辈为后代子孙或族长贤达为族众所规定的立身处世、居家治生的原则和教条。它是在传统的伦理上，借助尊长的权威，对子孙族众的道德约束有很强的针对性、明确的目的性，有的甚至具有法律效力。”① 李志刚在《中华传统家范融入社会主义核心价值观研究》中指出，中华传统家范大体上包括两种类型：一是以血缘关系为纽带形成的近似治家处世的家法、规训、宗风、家训等实践理则（“是的家范”）；二是指与家庭规范相关的生产、生活、思维、伦理、道德、诫律等后世集结的写的家范文献（“写的家范”）。② 综上所述，我们可以发现家范即家长的榜样示范，其有两重含义，一是指训诫活动本身，二是指近似成文法的文献。

“师范”二字可以拆分为“师”和“范”来解释。“师”字出现得较

① 冯志珣．司马光《家范》研究［D］．西安：陕西师范大学，2008.

② 李志刚．中华传统家范融入社会主义核心价值观研究［D］．南京：江苏师范大学，2019.

早，如《尚书·尧典》中道："师锡帝曰：'有鳏在下，曰虞舜。'"又如《尔雅·释诂》云："师，众也。"这两处都把"师"解释为"众"。因此，"师"在原初大多译为"众"。而后来，"师"逐渐引申为贤者。如孟子引《书》云："天降下民，作之君，作之师。"（《孟子·梁惠王章句下》）又如《礼记·学记》云："三王四代唯其师"，又"凡学之道，严师为难。师严然后道尊，道尊然后民知敬学……大学之礼，虽诏于天子，无北面，所以尊师也。"可见，此时人们已经把"师"的含义固定下来，并逐渐形成尊师的意识。而把"师范"二字联系在一起形成较为经典解释的便是西汉扬雄。他在《法言·学行》中讲道："师者，人之模范也。"由此可知，"师范"的含义便是"人之模范"，通俗来说，就是可以师法的典范。而现在，"师范"大多被人们认为是培养教师的学校。纵观古今，可知"师范"二字意义深远。

（二）家范、师范的实践策略

劳动是创造物质财富与精神财富的过程。很早以前，人们就认识到了劳动的重要价值，并开始进行家庭劳动教育。家族式的绵延必然需要强大的经济实力，因而传统家范都比较注重子孙的敬业教育，告诫子孙要加强职业前期的准备，指导他们守业、发展家业，认为其关键在于"耕读传家、勤俭持家"。传统的家范根植于封建社会的土壤，主要是通过说教、书信教育、祭祀等形式来树立和教育子孙后代的。中国特色社会主义进入新时代，劳动家范的内涵外延、传承和践行的方式都应该创新性发展、创造性转化。

新时代，家庭关系是平等的，家范更多地体现为家长的言传身教。孩子是父母的镜子，要想孩子遵守家庭劳动规范，父母应当严格自律，关注生活中的细节，以身示范。在日常生活中，家长要勤于劳动、乐于劳动，做好孩子的榜样。同时，家长可以与孩子一同商量制定家庭的劳动公约，如起床后要及时叠被子、垃圾满了要及时丢掉、脏衣服及时清洗。家长还可以结合公约设置奖惩措施，来激励和规范家庭成员的日常劳动行为。现如今，家范不仅可以通过书面的形式记录下来，还可以充分借助网络资源，将家庭成员的劳动风范以图片、视频等形式储存或发布在网络平台。"是的家范"与"写的家范"的共同作用，可以更加有效地将劳动家范内化为家庭成员一致的价值追求，外化为生活实践，进而形成积极的家庭劳动氛围。

师范生经过家庭劳动环境的长期熏陶，成为教师后以身作则，同样也给学生营造一个良好的班级劳动环境，带动学生树立正确的劳动态度，形成积极的劳动习惯，掌握一定的劳动技能。新时代，劳动教育的内涵不断丰富，教师师范的做法也应当进行相应的创新和改变。

第一，开展丰富多样的劳动教育课程。劳动课是教师对学生进行劳动教育的主阵地，教师应当保证劳动教育课时，注重课程的教学质量，形成完整系统的劳动教育课程，杜绝课程形式化。教师在授课过程中应当注重理论联系实际，对不同阶段的学生“分而治之”。对于小学生，除了日常的班级卫生清洁，教师还可以利用校区资源开展课程，如组织学生进行校园绿地种植活动。对于中学生，教师可以开展一些有趣实用的劳动技术课，如进行木工制作的实践。教师可以在课后开展劳动课程问卷调查，定期采纳学生对劳动课程的建议，根据学生的自主评价来调整、改善自己的教学活动，进而提升自己的劳动课程的质量。

第二，定期举办劳动活动和比赛。教师可以在课余时间举办一些有意义的劳动活动和比赛，如组织学生开展 DIY 手工制作活动，举行劳动主题的手抄报活动、“最美劳动者”评选活动和劳动主题演讲比赛等。

第三，整合劳动榜样的资源。教师在劳动教学中还应当善于利用优秀资源。教师可以因地取材，充分发掘周边的劳动教育资源。如邀请有特长的学生家长开展讲座，分享劳动的经验和技能。再者，教师平时可以利用多媒体资源，搜集劳动教育的视频和电影，组织学生一起观看学习，如劳模宣讲视频。

（三）家范、师范的关系及意义

家范与师范相互促进、相辅相成。良好的劳动家范有利于师范生成长为具有优秀劳动素养的人。这些师范生在步入教师岗位后，通过言传身教、现身说法的形式感染一群又一群的学生，影响学生家庭的劳动氛围，进而改善整个社会大家庭的劳动环境。

家庭对人的影响是终身的，一个人从出生到死亡都离不开家庭对自身的影响。师范生即使是离开了家庭外出求学，家庭对其的影响也未曾停歇。家范作为家庭成员一代一代积累、总结、传承下来的规范对于子孙后代的成长、和谐家庭关系的构建、社会和谐发展都有着重要的作用。树立良好的劳动家范，营造积极向上的家庭劳动氛围，有利于师范生从小养成主动劳动的习惯，保持尊重劳动、热爱劳动的态度，形成劳动只有分工没有贵贱的价值观，掌握能够适应社会发展进步的劳动知识与技能，进而促进师范生更加全面的发展。

在良好劳动家范影响下成长起来的师范生有着更好的劳动素养。这些师范生成为教师后，言传身教、现身说法，对学生的劳动素养的提高有着积极的影响。

第一，提高学生的劳动素质，促进学生的全面发展。教师通过劳动行为的示范，不仅能帮助学生掌握必要的劳动技能，还能促进学生的德智体美协调发展。德育层面，可以使学生形成“珍惜劳动果实，热爱劳动和劳动人民”的观念；智育层面，能够培养学生的创新创造能力，提升智力；体育层面，可以锻炼学生的肢体协调能力，强壮学生的体格，利于学生健康成长；美育层面，可以帮助学生发展发现美的能力，提升学生的审美能力。

第二，帮助学生养成积极劳动的习惯，带动其家庭形成和谐劳动的氛围。苏霍姆林斯基曾说：“在我们的时代，物质福利不断地涌进童年、少年、青年的生活，以致出现了这样一种危险：儿童和青少年可能已经丧失了这些福利是由劳动创造出来的观念，他们甚至完全不知道它们是从哪儿来的。”① 不难看出，苏霍姆林斯基想要强调的是随着社会的发展进步，人们的生活条件越来越好，可部分青少年对于劳动价值的认识却越来越浅薄。因此，加强教师对孩子的劳动示范，有助于学生理解“劳动创造财富”，自觉养成积极劳动的习惯，进而带动家庭形成和谐劳动的融洽氛围。

第三，增强学生的社会劳动责任感，踊跃投身于中华民族大家庭的劳动实践。师范生成为教师后，对学生进行劳动教育的重要意义不仅停留在学生自身及其家庭层面，还体现在学生对于社会大家庭的影响。教师通过学科课程中劳动思想的渗透、劳动课程的教学，犹如春雨般滋润孩子的心灵，可以

① 杜莹君．苏霍姆林斯基论劳动教育在全面发展教育中的作用［J］．河北大学学报．1994（03）：7

帮助学生形成劳动服务的自觉意识及无私奉献的精神。渐渐地，学生走出小我、走出家庭，立足社会，把自己的劳动担当精神投身于社会服务，为中华民族大家庭做出劳动贡献。他们的社会劳动精神也将影响其他人，从而促进中华民族大家庭形成热爱劳动、尊重劳动的崇高风尚。

第二节 注重良好家庭教育开展

一、挖掘家教内涵

（一）何谓家教

家教，即家庭教育，是一种存在于家庭成员间的不可或缺的教育活动。关于何谓家庭教育，学者们有着不同的论述，可谓仁者见仁、智者见智。《辞海》中将“家庭教育”解释为：父母或其他年长者在家里对儿童和青少年进行的教育。社会主义国家的教育虽然主要由学校承担，但也确认家庭教育是教育后一代的重要阵地。家庭与学校密切配合，统一教育影响，使儿童青少年在德育、智育、体育几方面都获得发展。①

孙俊三等学者在《家庭教育学基础》中指出：家庭教育就是家长（主要指父母或家庭成员中的成年人）对子女的培养教育。即指家长在家庭中自觉地有意识地按照社会需要和子女身心发展的特点，通过自身的言传身教和家庭生活实践，对子女施以一定的影响，使子女的身心发生预期的变化的一种活动。②

随着时代的发展和教育理念的转变，现代学者在解释家庭教育时，挣脱了原先思维的桎梏，关注到了家庭成员间平等的关系，认为家庭教育是指家庭成员间的相互影响。例如，顾明远先生在《教育大辞典》中，将家庭教育解释为：“家庭成员之间的相互影响与教育，通常是指父母对子女辈进行的教育。”③

---

① 辞海编辑委员会．辞海［M］．上海：上海辞书出版社，1979：1023.

② 孙俊三．家庭教育学基础［M］．北京：教育科学出版社，1991：1.

③ 顾明远．教育大辞典增订合编本［M］．上海：上海教育出版社，1998：381.

赵忠心在《家庭教育学》一书中指出：广义的家庭教育应当是家庭成员之间相互实施的一种教育。……在家庭里，不论是父母对子女，子女对父母，长者对幼者，幼者对长者，一切有目的有意识施加的影响，都是家庭教育。①

缪建东认为：家庭教育是人类的一种教育实践，是在家庭互动过程中父母对子女的生长发展所产生的教育影响。广义的家庭教育既包括家长对子女的教育，又包括子女对家长的教育，甚至包括双亲之间、子女与子女之间、子女与祖辈之间相互产生的教育影响。②

台湾学者黄乃毓指出：家庭教育强调在家庭里，家人彼此的互动关系，也就是说父母和子女是互相教育的，家庭里发生的许多事情都直接或间接地让我们学到一些东西，我们也在日常家庭生活里接受最基础的教育。③ 不难看出，黄乃毓认为家庭教育是一种相互教育的活动，同时也是一种潜移默化的教育活动。

一些学者转变了对家庭教育对象的关注，从其他角度切入，对家庭教育进行了概念界定。《中国百科大辞典》注意到了家庭教育的任务，该书将家庭教育解释为："父母及其他年长者在家庭内对子女进行的教育。其任务是：儿童入学前，使他们的身心健康发展，为接受学校教育做好准备；儿童入学后，紧密配合学校，督促他们完成学习任务，关心其身体状况，培养良好的思想品德。家庭教育具有奠基性、感染性、针对性、长期性、灵活性和社会性。"④

马和民教授强调家庭教育既是一种直接的"显性"教育活动，也是一种接受家庭环境熏陶的"隐性"教育活动。⑤ 不难看出，随着各位学者对家庭教育的深入研究，关于家庭教育的概念界定变得越来越丰富。

（二）家庭教育的特点

---

① 赵忠心．家庭教育学［M］．北京：人民教育出版社，1994：5.

② 缪建东．家庭教育社会学［M］．南京：南京师范大学出版社，1999：2.

③ 黄乃毓．家庭教育［M］．台北：台湾五南图书出版公司，1996：37.

④ 美国国家研究理事会．美国国家科学教育标准［M］．上海：科学技术文献出版社，1999：175.

⑤ 马和民，高旭平．教育社会学研究［M］．上海：上海教育出版社，1998：445.

1. 家庭教育源于家庭关系

家庭关系是基于婚姻、血缘或收养基础上的家庭成员间的联系，家庭教育必须以家庭的成立以及家庭成员间关系的确立为前提。[①] 家庭关系是一种特殊而紧密的情感关系。“父母对子女的慈爱，正是从这种情感产生出来的：他们意识到他们是以他物（子女）为其现实，眼见着他物成长为自为存在而不返回他们（父母）这里来；他物反而永远成了一种异己的现实，一种独自的现实。”[②] 望子成龙、望女成凤是家长们的共同心愿；将孩子的教育摆在家庭的重要位置，重视孩子的教育已经成为绝大多数家庭的共识。孩子是父母生命的延续，是父母情感的寄托，父母总是倾尽全力给孩子提供更好的教育资源，希望孩子有更好的发展。因此，源于家庭关系的家庭教育常常有其特殊的价值追求。

2. 家庭教育融于家庭生活

家庭教育是在家庭生活中进行的，没有固定的时间、固定的场所，也没有规定的教材。家庭教育是一种非形式化的教育，常常表现为“遇事而教、遇物而诲”。家庭教育的内容或根据父母的意愿，或根据孩子的需要进行选择，随机而灵活。不同于学校教育，由于不受时间与空间的限制，家庭教育的内容更加丰富多彩，形式也更加细致入微，更有利于对孩子因材施教，促进孩子个性化发展。同时，家庭教育贴近生活实际，在教授一些与生活相关的内容时有着天然的优势。例如，在教授孩子家务技能时，父母可以结合孩子的实际情况，手把手地进行教学，能有效提升教学效果。

3. 家庭教育属于终生教育

家庭是孩子成长的沃土，家庭教育对于孩子的一生有着举足轻重的影响。一个人在人生的不同阶段，都或多或少地受到家庭教育的影响。出生前，家庭教育表现为胎教。婴儿期，家庭是孩子最主要的活动和学习场所。孩子在父母的陪伴下，学会了说话、行走、跑步以及最基本的生活自理能力。3 岁后，孩子虽然进入幼儿园，开始接受正规教育，但仍有大量的时间

① 李松涛．家庭教育的社会支持研究［D］．沈阳：辽宁师范大学，2014.

② 黑格尔．精神现象学：下卷［M］．贺麟，王玖兴，译．北京：商务印书馆，1979：8.

与家庭成员相处，接受家庭成员对其开展的教育。家庭教育具有长期性与滞后性，即使孩子长大后离开家庭，家庭对其的影响依旧存在。

（三）家庭教育的功能

1. 个体社会化的功能

黄楠森在《人学词典》中提道，“家庭教育担负着帮助未成年家庭成员接受文化生活知识、培养道德品质、熟悉行为规范、巩固和发展学校教育和社会教育的成果，逐步实现社会化的职责。”① 无独有偶，吴铎认为：“家庭自产生之日起，就担负着为社会培养未来公民的重要使命，这不仅是家庭亘古不变的功能，也正是家庭之所以存在的理由之一。”② 社会是由一个个小家庭构成的，家庭是孩子赖以成长的微环境。家庭成员间的关系是孩子未来社会关系的缩影，良好的亲子关系有利于孩子发展良好的人际关系，家庭教育具有帮助个体社会化的功能。

2. 个体个性化的功能

杨宝忠认为：家庭教育除了具有个体社会化功能以外，还具有个体个性化的功能。其中个体个性化功能是指个体在与社会的相互作用下，逐步形成自己的较稳定和可辨认的个性的过程。③ 家庭教育不同于学校教育，它不受条条框框的限制，是一种个性化的教育。家庭教育可以结合孩子的兴趣爱好、学习需要更加灵活地开展，有利于孩子个性的充分释放。

（四）新时代家教观

习近平总书记先从微观视角对家庭教育进行阐述，“家庭是人生的第一个课堂，父母是孩子的第一任老师”，“家长应该担负起教育后代的责任”。④ 进而他又从宏观视角对各部门提出要求：“各级党委和政府要充分认识家庭文明建设的重要性”“精神文明建设工作部门要发挥统筹、协调、指导、督促作用”，并动员社会各界广泛参与，以推动社会主义家庭文明新风尚的形

① 黄楠森等. 人学词典［M］. 北京：中国国际广播出版社，1990：562.

② 吴铎，张人杰. 教育与社会［M］. 北京：中国科学技术出版社，1991：218.

③ 杨宝忠. 大教育视野中的家庭教育［M］. 北京：社会科学文献出版社，2003：197.

④ 习近平. 习近平谈治国理政：第二卷［M］. 北京：外文出版社，2017：354.

成。[①] 不难看出，习近平总书记结合其家庭观，将家庭教育的内涵及外延进行了拓展，他认为家庭教育不仅是个人或小家之事，更是国家、民族、社会这大家之事。

1. 父母是孩子的第一任老师

家庭是孩子接受教育的第一所也是最为重要的一所学校，父母是其中最主要的教育者。习近平曾提道："家长特别是父母对子女的影响很大，往往可以影响一个人的一生。"[②] 他在《习仲勋纪念文集》中说道，"自我呱呱落地以来，已随父母相伴四十八年，对父母的认识也和对父母的感情一样，久而弥新"。[③] 我们可以发现，习近平总书记结合自己的亲身经历现身说法，向大家说明了父母在家庭教育中的重要作用。

2. 家庭教育最重要的是品德教育

党的十八大以来，习近平总书记强调要以立德树人为根本任务，并以立德树人为中心环节培养全面发展的时代新人。家庭教育是教育的重要组成部分。同理，家庭教育中最重要的就是品德教育。因此，父母应当积极承担教育的责任，树立正确的世界观、人生观、价值观，关注孩子品德的养成，从小抓起，潜移默化地将正确的道德观念渗透给孩子。

3. 言传身教

言传身教，出自《庄子·天道》："语之所贵者意也，意有所随。意之所随者，不可以言传也。"[④] 这句话的意思是指用言语讲解、传授，并且加以行动上的示范。习近平总书记认为"广大家庭都要重言传、重身教，教知识、育品德，身体力行、耳濡目染"。[⑤] 父母应当身体力行，给孩子树立榜样，孩子才能在无形之中接受家庭教育，将这些教育内容内化于心、外化于行。

---

① 习近平．习近平谈治国理政：第二卷［M］．北京：外文出版社，2017：356.
② 习近平．习近平谈治国理政：第二卷［M］．北京：外文出版社，2017：354.
③ 习仲勋纪念文集［M］．北京：中央党史出版社，2013：806.
④ 郭庆藩．庄子集释［M］．北京：中华书局，2006：488.
⑤ 习近平．习近平谈治国理政：第二卷［M］．北京：外文出版社，2017：355.

二、改变家教理念

家庭是劳动教育的重要基地，对孩子劳动观念、劳动习惯的形成有着显著的作用。良好的家庭教育的开展离不开父母长辈先进的家教理念。优良先进的家教理念可以促进师范生劳动素养的提高，反之，歪曲落后的家教理念很可能会影响师范生正确劳动观的形成。师范生是教师的后备军，肩负着培养祖国下一代的光辉使命。师范生的家庭劳动教育需要得到更多的关注，对于一些陈旧错误的劳动家教理念，我们应当及时摒弃并加以改正。

（一）劳动低下观

人们产生了许多对劳动的错误认识，如“劳动可鄙”和劳动等级观念。在这样的环境熏陶下，家长们也时不时地在家庭中向孩子传播这样的思想——体力劳动是低下的。此外，当孩子犯错时，有些家长还把劳动作为惩罚孩子的一种方式，久而久之，孩子心底会自然地萌发对劳动的抵触感，从而变得更加不愿劳动。这些不恰当的家教理念，不仅阻碍了孩子身心的发展，还让孩子产生了错误的劳动理念，形成了错误的劳动价值观。

新时代，家长应当对中国传统劳动理念进行辩证分析，有意识地去其“糟粕”部分，树立正确的劳动家教理念，向孩子传递积极向上的劳动观念。首先，家长要引导孩子形成劳动只有分工没有贵贱的价值观。无论是体力劳动还是脑力劳动，都是值得令人尊重的。陶行知曾经说过：“中国教育之通病是教用脑的人不用手，不教用手的人用脑，所以一无所能。”① 由此可知，劳动教育绝不可仅仅停留在体力劳动或脑力劳动任何一个方面上，唯有两者结合，方能让孩子有所成就。同时，从侧面看，陶老的话也点明了体力劳动和脑力劳动同等重要。

其次，家长应当帮助孩子树立“勤劳是一种美德”的价值观念。正如习近平总书记强调，“无论时代条件如何变化，我们始终都要崇尚劳动、尊重劳动者。”② 短短一句话，我们不难看出总书记对劳动这一实践活动的高

---

① 刘猛．劳动教育：从陶行知到毛泽东［J］．江苏教育学院学报（社会科学版），2003（2）．

② 习近平．在庆祝“五一”国际劳动节暨表彰全国劳动模范和先进工作者大会上的讲话［N］．人民日报，2015－4－29（02）．

度肯定。并且，总书记还对劳动的重要意义进行了精炼的总结概括——“劳动最光荣、劳动最崇高、劳动最美丽、劳动最伟大”。[①] 在新时代，家长应当按照总书记所托，通过言传身教教导孩子尊重劳动、热爱劳动、敬畏劳动，努力成为一名光荣的劳动者。

（二）劳动与学习对立

中国古代人们大多把学习放在首位，忽略了劳动的价值，社会上出现了“万般皆下品，惟有读书高”“学而优则仕”“劳心者治人，劳力者治于人”的风气。大多数读书人都热衷于科举，渴望入仕，将劳动与读书对立起来。受传统风气的荼毒，直至今日，很多家长的言行中仍渗透着重智育的思想。随着社会的发展，不少家长用“知识改变命运”的观点来教育子女。他们宁可牺牲自己宝贵的休息时间，也要代替孩子做些劳动，避免孩子将精力和时间花费在与学习不相关的事情上。纵观古今，劳动与学习的冲突显著存在。

可是，事实证明劳动与学习并不是对立的。赵荣辉在《劳动教育：儿童确证自我的媒介》中分析了劳动有利于丰富孩子的精神世界，促进孩子通过劳动提升自我认知，对自己将来发展做好方向的引导。[②] 李琳在研究中通过清联小学的徐卫东和张永义为了处理看书和烧饭两不误的难题，共同制作出饭熟报讯器这一事例及古代圣贤的例子，阐述了家庭劳动教育有助于促进智力发展，并且让孩子形成健康人格。[③] 可见，劳动带给孩子的益处在某些层面也能促进学习的进步。因此，我们可以得出：劳动与学习并不是对立的，而是相辅相成的。

因此，家长应当意识到劳动与学习并不是对立的，两者是同等重要的。劳动对孩子的成长有着积极意义，不仅可以帮助孩子在沉重的学习任务中放松身心，做到劳逸结合，还可以收获不少从课本中难以寻觅的知识。如当孩子在做家务时，可以锻炼孩子的自理能力，提高孩子解决问题、克服困难的

---

① 习近平．在庆祝“五一”国际劳动节暨表彰全国劳动模范和先进工作者大会上的讲话［N］．人民日报，2015－4－29（02）．

② 赵荣辉．劳动教育：儿童确证自我的媒介［J］．教育学术月刊，2011（10）：6－9.

③ 李琳．谈谈家庭劳动教育对形成孩子优良品德的意义［J］．江西教育科研，1997（6）：56.

能力。家长要转变劳动家教理念，给孩子多多提供劳动的机会，从小培养孩子的劳动兴趣，亲身感受劳动的苦与乐。同时，家长在教育孩子时应当树立正确的教育目标。2022 年，习近平总书记在党的二十大报告中提出“落实立德树人根本任务，培养德智体美劳全面发展的社会主义建设者和接班人”。[①] 在这个高度提倡五育并举的时代，家长应当深刻意识到劳动的育人作用，发挥家庭的基础劳动教育功能，将劳动价值观潜移默化地融入“德智体美”四育中，帮助实现孩子的全面发展。如家长陪伴孩子一起制定假期规划时，除了学业上的要求，还可以适当增加些劳动实践（做些家务、社区志愿等）。

（三）有酬劳动

不少家长为了调动孩子的劳动积极性，选择向孩子提供一定的经济回报。这种方式看似可以激励孩子，达到让孩子劳动的目的；实则无法让孩子从心底里真正认同劳动并感受到劳动的快乐，且容易让孩子产生能用金钱去解决问题的误区，不利于孩子形成正确劳动价值观。同时，这可能会让孩子从小滋生利己主义的思想，从而忽视了劳动的真正价值。

家长应当明白，社会生活中的劳动不仅局限于劳动后可以获得经济利益的工作，还存在着许多社会公益劳动，如志愿活动。在社会公益劳动者的眼中，金钱从来不是第一位的，相反，他们追求的是公益劳动的责任担当感和自我幸福感。在家庭劳动教育的过程中，家长应当尽可能避免直接向孩子提供劳动报酬，发挥机智，巧妙地让孩子感受到劳动的隐性价值，认识到劳动也可以是一份社会责任、一条情感纽带，而不是纯粹地追求物质。

正如何云峰认为“所谓劳动幸福（Labor Felicity），简单来说就是指人通过劳动使自己的类本质得到确证所得到的深层愉悦体验，它体现的是劳动过程和劳动所获与人的幸福追求和幸福期待之间的一致程度，也体现自我价值得以展现的程度。”[②] 由此可见，劳动的价值更在于劳动幸福，即通过自主自愿的劳动行为，实现自我价值，从而获得劳动的满足与快乐。因此，家

① 习近平．高举中国特色社会主义伟大旗帜 为全面建设社会主义现代化国家而团结奋斗［N］．人民日报，2022-10-26（01）．

② 何云峰．劳动幸福论［M］．上海：上海教育出版社，2018：91-93．

长对孩子进行劳动教育时，可以简单地给孩子介绍一下劳动的不同形式，丰富孩子的劳动知识，使其明白劳动背后的深层情感价值。

新时代，家长可以多多开阔自己的思维，借助丰富的网络资源，采取其他合理有效的激励方式，关注孩子真实的劳动意愿，让孩子真正地感受到劳动幸福感。家庭教育是个性化的教育，对于家务活，家长可以根据孩子的特长布置任务，让孩子从每一次的家庭劳动实践中见证自己的劳动成果。同时，家长在孩子劳动的过程要时刻给予鼓励与表扬，不断增强其劳动信心。对于社会公益劳动，家长可以根据自家孩子的兴趣爱好，鼓励孩子报名相对应的劳动实践。如孩子喜欢做手工的话，可以报名公益手工 DIY 制作活动。兴趣作为最好的老师，可以帮助孩子更快地喜欢上劳动这项实践活动。同时，家长要相信孩子在从事公益活动的过程中，能感受到服务他人乃至服务社会的快乐与幸福。家长可以在每次劳动实践活动结束后，询问孩子的收获及印象最深的事情，为孩子提供一个分享劳动快乐的机会。

三、家传与师传

（一）家传、师传的概念

传承是中华五千年文明得以源远流长的重要原因。“传承”两字，包含了传和承两个方面，两者相互转化，成为不断的文化之流。“传”与“承”的行为有时会同时展开，一个人在某一时间段内是知识的接收者，也许一段时间过后便成为知识的传授者。[①]

家庭是社会的细胞，以血缘为纽带的家族传承是最具代表性的传承方式。林利佳在《中国传统手工技艺家传中的代间关系探究》中指出，“中国传统手工技艺家传是以有血缘关系的家庭成员为基础，上一代将从事相关手工技能的经验、价值观及技能传授给下一代，从而使得下一代年轻的家庭成员接班且取代年长成员工作的过程。”[②] 辞海中对于“家传”的解释为，“家中世代相传的”。由此可知，家传是指一个家庭或家族世代相传的具有

---

① 吴雯婷. 非物质文化遗产保护视角下的师徒传承制［D］. 上海：华东师范大学，2016.

② 林利佳. 中国传统手工技艺家传中的代间关系探究［D］. 福州：福建师范大学，2018.

家族特色的物质或精神。

"师传"自古便有广泛的意义。《黄帝内经·灵枢·师传》以"师传"二字名篇，正是因为文中所记载的内容都是先师传授的医学经验。此外，晋朝画史是这样记录师传关系的：至如晋明帝师于王廙，卫协师于曹不兴，顾恺之、张墨、荀勗师于卫协（卫张同时，并有画圣之名）。史道硕、王微师于荀勗，戴逵师于范宣（荀、卫之后，范宣第一）。逵子勃、勃弟颙，师于父。① 可见，在晋朝时期，人们已在学界层面广泛使用师传来解释老师与学生的关系。直至现代社会，人们对"师传"则有了更为灵活的解释。如在中医教学中，"我们说的师传是指在临床上通过每个真实的病例手把手地指导学生的老师。"② 不难看出，这里的"师传"被定义得更为具体、更为严谨。"在这里，我们的老师不仅教我们书本上的东西，更为重要的是他们已经把古典的著作、古人的经验、现代医学的相关知识点、自己的经验融为一体形成最为实用的东西给了我们，这就是精华，通过临床实践被我们快速吸收利用。"③ 由此可知，这里的定义不仅是老师之传授，还强调了传授过程的要求，即不局限于理论层面，而是注重结合临床实践的教学。

（二）劳动传承体系建构

习近平总书记曾说，"人民创造历史，劳动开创未来。劳动是推动人类社会进步的根本力量。"④ "劳动是财富的源泉，也是幸福的源泉。"⑤ 劳动对于个人发展、社会进步都具有重要的价值，因此构建劳动传承体系就显得尤为重要。劳动教育是人类自觉总结劳动经验，将劳动过程中凝结的劳动观念、劳动精神、劳动习惯、劳动技能传授给子孙后代，实现人类社会发展的有效形式。所以下文将从传承劳动观念、传承劳动精神、传承劳动习惯及传

---

① 张晶. 师传·时代·用笔——《历代名画记》评析之二［J］. 名作欣赏，2020（1）：127－132.

② 马璇卿，蒋恬，顾冬梅. 经典是基础 师传是关键——浅谈民营中医医院继续教育［C］// 中华中医药学会（China Association of Chinese Medicine）. 第四届中医药继续教育高峰论坛暨中华中医药学会继续教育分会换届选举会议论文集. 南通良春风湿病医院，2011：3.

③ 马璇卿，蒋恬，顾冬梅. 经典是基础 师传是关键——浅谈民营中医医院继续教育［C］// 中华中医药学会（China Association of Chinese Medicine）. 第四届中医药继续教育高峰论坛暨中华中医药学会继续教育分会换届选举会议论文集. 南通良春风湿病医院，2011：3.

④ 习近平. 习近平在同全国劳动模范代表座谈时的讲话［N］. 人民日报，2013－04－29（1）.

⑤ 习近平. 习近平在同全国劳动模范代表座谈时的讲话［N］. 人民日报，2013－04－29（1）.

承劳动技能四个维度阐述劳动传承体系的建构。

第一，传承劳动观念。劳动观念是指人们对于劳动的根本看法和观点。有学者从思想政治教育学视域下对劳动观进行解释：劳动观是指人们对劳动的本质、劳动的目的、劳动的意义、劳动分工等方面的认识，是世界观、人生观、价值观的重要组成部分。① 劳动观念有好坏之分，传承劳动观念就是要帮助孩子树立正确的马克思主义劳动观。马克思主义指出劳动是人类社会产生、存在、赓续发展的自然必然性，是包括物质财富和价值财富在内的一切财富的源泉。马克思主义肯定了脑力劳动的劳动属性，强调体力劳动和脑力劳动都是劳动形式之一。同时，马克思还提出劳动是造就全面发展的人的唯一方法。传承劳动观念旨在引导孩子更加全面地认识劳动，树立正确的劳动价值观，进而形成尊重劳动、热爱劳动的态度。师范生肩负着培养祖国下一代的责任和义务，需要将马克思主义劳动观内化，通过多样的形式，以学生能够理解的方式传递给学生。

第二，传承劳动精神。劳动精神是在劳动过程中折射出的人文精神，反映的是一个民族的精神风貌和价值导向。中华民族的劳动精神内涵丰富，主要包括崇尚劳动、尊重劳动、热爱劳动、辛勤劳动、诚实劳动、创造性劳动。在进行家庭传承时，父母可通过观看纪录片、讲述故事、拜访劳模等形式，带领孩子感受中华民族优秀的劳动精神，进而树立、巩固新时代劳动精神。师范生应当将优秀的劳动精神内化于心、外化于行，增强职业认同感，将劳动家传转化为师传，从而影响更多的学生。

第三，传承劳动习惯。劳动习惯是指个体在马克思主义劳动观指导下，在参与经常性的实际劳动过程中秉持着正确的劳动态度，从而逐渐养成的一种自觉需要劳动的自动化、稳定化的行为模式。② 良好的劳动习惯对于孩子的影响是终身的。一个具有良好劳动习惯的孩子往往有着更加坚强的意志，更加灵活的动手能力。家庭应当营造崇尚劳动、自立自强的氛围，鼓励孩子定期地参与劳动。孩子通过参与适当的劳动，经历辛勤付出与快乐收获的过

---

① 郑银凤．“90后”大学生劳动观教育研究［D］．成都：西南交通大学，2017.

② 王彦庆．新时代大学生劳动教育研究［D］．哈尔滨：哈尔滨师范大学，2022.

程，明白劳动创造美好生活的道理，进而增进劳动的潜意识自觉。师范生应具备良好的劳动习惯，以身垂范，造就乐于劳动、勤于劳动的师传系统。

第四，传承劳动技能。劳动技能是指在参与劳动实践活动的过程中，理论联系实际，从事具体劳动的能力。家庭是孩子成长的摇篮，家长应当教会孩子满足自身发展需要的基本劳动技能，做好家庭劳动技能传承。除了基本的劳动技能，一些家庭还有着特有的手工技艺，家长可以巧妙激发孩子的兴趣，带领孩子学习，做好传承工作。师范生可以结合家传，运用网络资源，联合教师、传承人一同探索丰富多彩的劳动技能师传体系。

（三）家传与师传的关系及意义

家传与师传是相互联系、相辅相成的有机整体。良好的家传可以帮助师范生从小培养劳动的兴趣与习惯。师范生在成为教师后，将这些劳动理念传递给自己的学生，帮助他们形成劳动的自主意识，以师传的方式将劳动思想传播到一个又一个的家庭里，从而形成全社会热爱劳动的精神风貌。

优良的家庭传承是师范生实现自我发展的枢纽。家传作为家庭教育的重要载体，在家庭劳动教育层面发挥着不可替代的育人作用。良好的家庭传承有助于师范生从小形成正确的劳动观念，继承优秀的劳动精神，锻炼合格的劳动技能，养成良好的劳动习惯，实现自我的全面发展，进而全方位成长为一个具有较高劳动素质的人才。

师范生秉持着家传与师传的劳动理念，在课堂上言传身教、循循善诱，带领学生徜徉在劳动的海洋里。毋庸置疑，师传对于学生劳动素养的提高具有重要的价值。

第一，良好的师传有助于学生辨别鱼龙混杂的劳动观念。虽然我们身处的社会正在大力宣传劳动的价值，但仍有不少人对劳动有错误的认识，甚至在传播错误的劳动观念。因此，教师需要切实发挥师传的桥梁作用，通过课堂教学，不断向学生递送积极健康的劳动观念，从而使学生产生对劳动的认可，提升辨别是非的能力。

第二，良好的师传有助于学生形成自立自强的劳动精神。劳动精神作为劳动教育的一个核心要素，在学生精神世界的培育上占据着重要地位。教师应当培养学生独立自主、自力更生的能力，培养学生面对困难勇往直前、艰苦奋斗的品质，培养学生发现问题、提出问题进而解决问题的能力。

第三，良好的师传有助于学生学会合格实用的劳动技能。劳动技能是劳动教育开展的主阵地，同时也是劳动者的一项必备技能。学生在参与劳动技能课程时，不仅可以掌握一些生活的必备技能，还可以锻炼手脑协调能力。

第四，良好的师传有助于学生养成主动坚持的劳动习惯。劳动习惯的养成与改变都不是一蹴而就的，而是一个缓慢、渐进的过程。劳动习惯的培养除了家庭的基础因素外，还需要教师的耐心引导。教师可以在班级的日常卫生劳动中培养学生积极主动的劳动习惯，鼓励学生坚持劳动、不半途而废。

第三节　注重优秀家风建设

一、挖掘家风内涵

（一）家风的概念界定

追本溯源，“家风”二字可谓历史悠久。早在西晋时期，文学家潘岳的作品《家风诗》中首次提出了“家风”的概念，并在内容中对“家风建设”进行强调：“绾发绾发，发亦鬓止。日祇日祇，敬亦慎止。靡专靡有，受之父母，鸣鹤匪和，析薪弗荷：隐忧孔疚，我堂靡构。义方既训，家道颖颖。岂敢荒宁，一日三省。”[①] 至此，“家风”概念正式产生。进入现代，人们对“家风”的概念进行了精练。《辞海》对“家风”一词的解释为：“一个家庭或家族的传统风尚。”[②] 在《现代汉语词典》中，“家风”同“门风”，指的是：“一家或一族世代相传的道德准则和处世方法。”[③] 由此可知，简单来说，家风就是一家或一族的风尚、作风和道德准则。

此外，也有不少学者从不同的角度对“家风”进行了更为细致明确的概念界定。如曾钊新在《论家风》一文中提道：“家风又叫门风，是一个家

---

① 冯瑞龙，詹杭伦．华夏教子诗词［M］．成都：天地出版社，1998：19.

② 夏征农，陈至立．辞海［M］．上海：上海辞书出版社，2009：1048.

③ 中国社会科学院语言研究所词典编辑室．现代汉语词典（第7版）［M］．北京：商务印书馆，2012：891.

庭在世代繁衍过程中逐步形成的较为稳定的生活作风、生活方式、传统习惯、道德规范和为人处世之道的总和。”① 这一观点从文化现象角度出发，点明了家风的传承性和相对稳定性等特点。又如罗国杰认为：“家风是一个家庭所长期培育和形成的一种文化和道德氛围，有一种强大的感染力量，是家庭伦理和家庭美德的集中体现。”② 他强调了家风的文化和道德功能，指明了家风具有强大的感染力。陈延斌在《家风家训：轨物范世的生动教材》中指出：“家风是一种无言的教化，而优秀家风的培育离不开家训文化的滋养。”③ 这一定义侧重于环境的熏陶，并且指明了家风与家训的密切关系。

2014 年以后，有学者把家风的概念深入到价值观层面。如王泽应认为家风“是一个家庭或家族多年来形成的传统风气、风格和风尚，表征和反映着一个家庭或家族的生活方式、情感态度、文化氛围、精神品质、价值观念、人生信仰等，并成为家族成员共同的文化基因和价值共识，建构的是一个家族成员共有的精神家园。”④ 可见，家风的概念不应仅停留在表象，而是应当渗透到其文化内核。

笔者根据前人研究，将家风的定义这样简要归纳。“家风”，是一个家庭（短期）或家族（长期）在社会实践中培育和积淀而成的用来约束、规范其成员的一种风尚、作风和准则，集中体现了（家庭）家族成员的生活习惯、精神风貌、道德品质、环境氛围和文化共识，具有强大的感染力，并起到传承家族文化的重要作用。

（二）不同时代的家风内涵

家风作为一种特殊的社会意识，其内涵并不是一成不变的，而是随着社会历史条件的变化不断发展的。下面笔者将从中国古代传统家风、红色家风、新时代家风三个方面介绍家风内涵。

1. 中国古代传统家风

修身，即提高自身修养。修身离不开树立远大志向，离不开保持高尚节

---

① 曾钊新．论家风［J］．社会科学辑刊，1986（6）：4.

② 罗国杰．论家风［N］．光明日报，1999－05－21.

③ 陈延斌．家风家训：轨物范世的生动教材［J］．中国德育，2019（15）：1.

④ 王泽应．中华家风的核心是塑造、培育与树立正确的价值观［J］．上海师范大学学报（哲学社会科学版），2015，44（4）：5－11.

操，更离不开坚持知行合一。在古代，修身往往是文人的终身追求。其二，齐家。齐家在于保持家庭的和谐氛围，而和谐氛围则离不开“孝悌”二字，始终要做到孝顺长辈、敬爱兄长。同时对待家庭成员，要保持友爱和善的态度。其三，处世。在处理人与社会的关系时，应当牢记人始终要有一定的责任担当，有强烈的爱国情怀。中国自古就强调家国情怀，因此每一个社会成员都应当对祖国心怀真挚的热爱。

不难看出，中国古代传统家风的内涵深深受到儒家思想的影响，主要涉及修身、治家和处世三个方面，体现出极强的伦理性，并深入到价值观层面，强调个人与家庭、与社会、与国家的关系。

2. 红色家风

红色家风是指以优秀的中国共产党人为核心，领导广大无产阶级和人民大众，在新民主主义革命、社会主义建设以及改革开放的实践中，自觉将马克思主义先进理论与优秀传统文化有机结合并用于家庭教育，从而形成的独具特色的思想风尚和生活作风。① 其一，坚定理想、艰苦奋斗。共产党人之所以能够始终保持优良的作风，首先在于他们对自身的严格要求。坚定的理想信念，是共产党人的指路灯塔，始终如一的艰苦奋斗是共产党人的实践路径。其二，服务人民、敬重长辈。在与他人的关系中，涵盖了与社会成员、与家庭成员的关系。共产党人毫不例外，都心怀大义，有愿意随时为人民服务与贡献的一颗心。同时，他们始终坚持孝顺父母、敬爱兄长。其三，报效祖国、甘于奉献。于任何一个国家而言，我们都不得不承认，没有国就没有家。而共产党人正是秉持了正确的家国观念，才能在为祖国奉献的道路上愈走愈远，中国革命事业才能这样辉煌。

总而言之，红色革命家风的内涵主要表现在人与自身、人与他人、人与祖国几大方面，即要求坚定理想、勤奋朴实，服务人民、敬重长辈，报效祖国、甘于奉献，艰苦奋斗、励志传承。

3. 新时代家风

新时代家风是指在新时代背景下，以习近平新时代中国特色社会主义思

---

① 顾莉．以家风建设促进社会主义核心价值观培育研究［D］．扬州：扬州大学，2019.

想为指导，在继承传统优良家风的基础上，熔铸社会主义核心价值观的，对家庭成员行为处事进行约束与指导，并逐渐被家庭成员自觉认同与践行的家庭风尚。[①]

第一，立身处世。立足安身、为人处世是做人的根本，也是构建新时代家风的第一要义。其一，要明事理。明事理、懂进退是一个人综合素质的外在体现。每一个人都是组成社会的一部分，在与他人交涉时应当做到知事理、有素养、讲礼貌、懂礼节。其二，要严谨认真。严谨认真是取得成功的登云梯。无论是学习还是工作，都应当持有认真谨慎的态度。其三，要培养宽容大度的品质。人的本质属性是社会性。在与人相处时，要善于站在他人的角度思考问题，懂得体谅他人。其四，要心存善意，助人为乐。在生活中，应当时刻怀有一颗善良的心，去理解他人、帮助他人，同时自己也会因助人而获得满足感和成就感。

第二，齐家治家。家庭是家风形成的重要前提，因此新时代家风内涵必然包括家庭建设。其一，要自觉形成孝老敬亲的意识。孝老敬亲、尊老爱幼是贯穿古今家风的主旋律，因此每一个人都应当拥有孝老敬亲的道德素养。其二，要引导家庭成员合理饮食、规律作息、劳作有度。古书有言："食饮有节，起居有常，不妄作劳。"[②] 从古至今，这始终是健康生活的真谛。其三，要提倡劳动光荣、勤俭节约的风气。只有家庭中的每一位成员都做到勤劳俭朴，家庭建设才会蒸蒸日上。其四，要营造和和美美、其乐融融的家庭氛围。家和万事兴，是中国人最为推崇的家庭观念。一个家庭要想长远发展，家庭成员之间就必须和睦相处、团结友爱。

第三，强国建国。无大家则无小家，故新时代家风需要推崇家国情怀。其一，作为公民应当遵纪守法、坚守底线。纪律意识、法治观念是每一个公民心中应有的一把秤。因此，家风应当引导其成员知法明纪，恪守规则。其二，要心怀理想、勇于作为、敢于担当。在新时代，在这个最好的时代，每一个人都应当积极展现自己的风采，立大志、成大才、担大任。其三，要鼓

① 李佳娟．新时代家风构建研究［D］．苏州：苏州大学，2020．

② 黄帝内经［M］．北京：中华书局，2010：4．

励家庭成员爱岗敬业、坚持操守。国家的发展是由一行又一行的职业向前推动的，因此只有每一个人都忠于职守，对自己的职业怀有强烈的责任感，社会才能良性运作，国家才能长治久安。其四，爱国爱党爱人民。家国情怀，不仅是一种情感纽带，更是责任与义务。因此，每一个人都应当将爱国爱党爱人民牢记于心，行动于形，做到知行合一。

（三）家风的作用与功能

毋庸置疑，家风有优劣之分。错误的家风影响个人的成长及社会的风气，而良好的家风对于个人发展、家庭和睦、社会进步都具有积极的意义。

优良的家风帮助个人实现自我的全面发展，涵养正确价值观，达到精神世界的成长与丰富。优良的家风促使家庭成员增强凝聚力，形成和谐家庭氛围，实现家庭幸福安康，推进家族文化传承。优良的家风利于营造正向的社会风气，实现社会的发展进步。

二、塑造优秀家风

（一）认识优秀家风，树立科学理念

认识优秀家风是塑造优秀家风的基础，人们只有清楚优秀的家风是什么样的，才能朝着正确的方向努力，塑造出具有家庭特色的优良家风。首先，家长要摆正学习优秀家风的态度，将“要我学”转变为“我要学”。在日常生活中，家长可以去借阅一些有关家风家训的经典读物，认真阅读、潜心学习，吸收前人智慧的结晶。现如今，社会发展迅速，网络资源层出不穷。家长要善于利用网上丰富的学习素材，借助学习强国、网易公开课等网络平台及能够展现优秀家风文化底蕴的数字文化产品，深入了解优秀家风的文化内涵。同时，在我们身边也有着很多优秀的榜样，有的家庭乐于奉献、有的家庭勤俭节约、有的家庭敬业乐业。家长要有一双善于发现的眼睛，虚心地向身边的榜样请教，积极地与榜样交流学习。其次，家长要系统全面地、批判性地学习家风的内容。社会存在决定社会意识，不同时代的家风有着不同的内涵与外延。在21世纪，古代的一些优秀家风可能已经不适应当下社会，家长在学习借鉴时，要多思考，注意扬弃。本书所言的优秀家风基于新时代背景下，家长在学习时，不但要从中华传统家风、红色家风中汲取优秀家风

的内容和塑造的方法，更要顺应新时代的发展要求，有选择地学习。

家庭是人生的第一所学校，家长对孩子的影响有着举足轻重的作用。家长在塑造优秀家风时，要树立科学的理念。首先，家长要树立“育人”的理念，规避单一的“育才”理念。新时代，我国的教育目标是培养德智体美劳全面发展的社会主义接班人。在塑造优秀家风时，家长应当摒弃功利性的教育目标，使孩子获得全面而自由的发展。从古至今，我国一直有着“万般皆下等，唯有读书高”的传统观念，经过长期的发展，很多家长都秉持着“唯分数论”的教育理念，重视孩子的智育、忽视孩子的其他四育，呈现出歪曲错误的家庭风气。社会不断发展进步，其对于人才的需求已然发生了转变。家长应当及时转变理念，与时俱进，重视家风对于孩子劳动教育的重要作用。其次，家长要树立正确的家风教育理念。在家风教育时，家长走出“简单粗暴式教育”和“偏袒溺爱式教育”的误区。[①]“不打不成器”“棍棒底下出孝子”是传统家风教育中常出现的观念，这显然已不适应当下的社会。父母在进行劳动家风教育时，应当以身垂范，使孩子真心热爱上劳动，避免出现暴力逼迫劳动的现象。不少独生子女家庭呈现出“4+2+1”的成员模式。孩子是家中的宝贝，很容易受到长辈的溺爱。久而久之，孩子丧失了最基本的生活自理能力，以自我为中心。因此，父母要爱孩子有度，同时还应与家中的长辈形成家风教育共识，防止出现隔辈溺爱的情况。

（二）探索优秀家风的传承载体

优秀家风的成功塑造体现为家庭成员对家风的内化于心、外化于行。要想优秀家风在一个家族绵延不断地传承下去，就需要借助一定的传承载体。第一，以节日为载体，将优秀劳动家风融入节日中。中华民族是一个注重团圆的民族，在节日期间，人们大多团聚在一起，展开一些习俗活动。所以节日是传承家风的重要载体。春节，人们贴春联、包饺子；端午节，人们做香包、包粽子；植树节，人们踏青、植树，节日中蕴含着丰富的劳动教育元素。在传承优秀家风时，家长们要巧妙借助节日，将家风教育内容渗透到日常生活中。

① 庞清．新时代大学生家风教育现状及优化路径研究［D］．桂林：广西师范大学，2023.

第二，以家规家书为载体。古代，人们除了通过口耳相传的方式，还常常借助家规、家书等实体进行家风的代际传承。家规是家庭成员或家族成员就如何规范和约束其言谈举止、行为处事方式而达成的广泛共识。这种共识通过约定、规则、规范的形式表现出来便形成了家规。① 家规对家庭成员有着一定的约束作用，合理良好的家规有利于塑造优秀的家风。在制定新时代家规时，家长应当借鉴新时期的育人方式，摒弃传统家规中的陋习，充分发挥家规的作用。与家规相较而言，家书更具人情味。以曾国藩家书、傅雷家书为代表的家书中，我们不仅可以看到长辈对晚辈的关爱，还能感受到其中的家风家教。现如今，家书依旧是一种重要的家风传承载体。家长可以通过家书向孩子传递劳动的观念，帮助孩子树立正确的劳动价值观。

第三，以现代电子设备为载体。随着电子设备的广泛普及、网络的迅速发展，人们经常用手机拍照片、录视频记录生活。因此，家风的传承载体也可以变得更加丰富。家长可以通过电子设备记录下家庭成员劳动的身影，将这些素材做成小视频、微推等发布到网络上，从而影响更多的家庭。

（三）构建优秀家风的激励与约束措施

简而言之，家风是一个家庭中表现出来的较为稳定的家庭风气。劳动家风体现着一个家族关于劳动的态度、认知、行为的整体风貌。在家风的塑造过程中，少不了要实施一些激励与约束措施。激励是指对家庭成员进行正向的鼓励与奖励，促使家庭成员形成正确的劳动观念，可以更加积极地参与劳动活动。约束是指对违反优秀家风的家庭成员进行一定的批评与惩罚，以减少其再次犯错的概率，起到及时纠正的作用。构建劳动家风的激励与约束措施有利于敦促家庭成员形成正确的劳动态度、养成积极的劳动习惯，保证优秀家风源远流长地传承下去。

优秀家风的激励措施可分为目标激励、情感激励。目标是人们前进的灯塔，既可以指明努力的方向，又可以激励着人们前行。在优秀劳动家风的塑造过程中，家长可以为孩子设定明确且合理的劳动目标。劳动的内涵丰富，劳动教育的覆盖面广泛，家长在制定劳动目标时，应当关注到劳动观念、劳

① 李佳娟．新时代家风构建研究［D］．苏州：苏州大学，2021.

动态度、劳动精神、劳动习惯等各个方面，根据孩子的身心发展特点及时地进行调整，进而有效地激励孩子形成良好的劳动素养。情感激励，即通过对家庭成员的肯定、赞同、表扬等方式，满足受施者的情感和精神需要，使其感受到自我价值、对家庭的贡献和家庭中的存在感。[①] 在塑造优秀家风时，情感激励是最为主要的激励措施，家长应当对孩子多表扬、多鼓励、多赞美。当然在情感激励时应当注意以下两点：一是要结合孩子的特点选择合适的情感激励方式。有时一个微笑、一个点头或是一个手势就可以展现出长辈对晚辈的认可。二是要把握好情感激励的度，不能滥用。心理学中，有一个词为"强化"，目的是加强某一行为的发生频率。实验表明，要想孩子形成某种新行为时，可以采取连续强化的方式。但是要想这一行为长久保持，变成习惯则需要间隔强化。因此，家长在表扬孩子时，应当注意表扬的频率。

无规矩不成方圆。在家风塑造的过程中，约束也是一种重要的方式，与激励相互补充。科学合理的约束在一定程度上可以防止晚辈养成好吃懒做的生活习惯，形成错误的劳动价值观。约束主要包括义务性约束和警示性约束。义务性约束是指家庭中规定家庭成员必须从事的某些行为。在劳动家风塑造时，家长可以和孩子一同分配家务劳动，规定孩子每周要参与家务劳动的次数、必须做好内务整理等。警示性约束是指家庭中规定家庭成员不能从事的某些行为。在劳动家风塑造时，家长可以设置相应的警示性约束，明文规定孩子不能说诋毁劳动者的话、不能奢侈浪费等。警示性约束常常伴随惩罚，在惩罚时家长要尽量少地设置劳动性质的惩罚，防止孩子对劳动产生厌恶心理。

三、家风与师风

（一）何谓师风

大多数学者把"师风"与"师德"作为一个整体结合使用。习近平总书记在北京大学师生座谈会上的讲话中强调："评价教师队伍素质的第一标

① 顾莉．以家风建设促进社会主义核心价值观培育研究［D］．扬州：扬州大学，2019.

准应该是师德师风。师德师风建设应该是每一所学校常抓不懈的工作”。[①] 由此可见，师风与师德的密切联系以及其对于教师行业的重要性。

当然，也有少数学者对“师风”单独进行概念界定。一部分学者从狭义角度认为“师风主要是指教师在进行教学和学术活动中的作风，它不仅是教师思想文化素养和人格修养的综合体现，同时也是教师的道德、才学、素养的集中反映。”[②] 不难看出，这里指明的是教师个体的工作作风、风格和风度，不仅包括外在的文化素养还强调了内在的品格素养。从广义角度来看，他们中有认为师风就是指“教师群体道德外化而成的风气风尚”[③]，强调了教师队伍的整体风貌。由此可知，这里的狭义和广义主要是针对教师个体与教师行业。

而另一部分学者认为，广义的师风是指教师个体道德的外化风貌；狭义的师风是教师个体工作作风的简称，是指教师个体在处理各种教育职业伦理关系时表现出来的工作作风、风格等外在风貌。[④] 在这里，我们可以得出广义的师风是基于教学之外的自身道德层面，狭义的师风则是基于教师日常教学活动中表现出来的工作作风。同时，不难发现，这里的师风都是针对教师个体而言的。

曾平龙曾在《再谈孔子的师德师风》中提到师风即教师的行为作风，包括热爱学生，尊重学生，关心学生等。这一定义指出了师风的具体内容。

综上所述，我们可以得出：师风是指教师乃至教师群体在教学态度、教学方法等基础上长期形成的工作作风及其呈现出来的工作环境与生活氛围，是指教师道德素质的外在表现，即师生之间保持一种人格上的平等，相互学习、相互尊重，是教师道德、才学、作风、素养等方面的集中体现，是教师德与才的集合体，是教师职业道德的重要内核。

---

① 习近平．习近平在北京大学师生座谈会上的讲话［N］．人民日报，2018－05－03（02）．

② 张煜．论师风师德建设在高校思想政治理论课中的重要性［J］．学校党建与思想教育，2014（15）：84．

③ 王颖，王毓珣．师德师风建设：概念辨识及行动要义［J］．教师发展研究，2021（2）：34．

④ 郝博．石家庄市幼儿园体育教师师德师风建设调查研究［D］．石家庄：河北师范大学，2023．

（二）优秀家风体系构建

优秀家风可以为师范生营造良好的成长环境，帮助其从小养成劳动的习惯，形成坚强的品格。师范生在成为教师后，以身垂范，有利于班级良好劳动风气的形成。因此，构建优秀家风体系不仅可以影响小家的风气，还可以间接地改善整个社会大家庭的精神面貌。古今中外，可供借鉴的劳动教育的素材层出不穷，在构建劳动家风体系时，我们可以选择性地从中汲取一些养料。

第一，以优秀传统家风为源泉。优秀传统家风蕴含着丰富的文化基因，是我们建构家风体系的重要来源。但是，传统家风孕育于封建社会，体现着封建社会的治家思想，其中必然存在着一些不适合当代社会的内容。因此，我们不能直接将传统家风移用到现代社会，应当批判继承、创新性转化。中国古代的社会经济以小农经济为核心，物质资源匮乏。在此背景下，勤俭耕读是传统家风中的重要内容，其要求家庭成员要勤劳节俭、耕耘学习。曾国藩曾提出，“勤俭自持，习劳习苦，可以处乐，可以处约，此君子也。”① 我们可以看出曾国藩提倡勤俭，反对奢靡，认为勤俭之人是君子。朱柏庐曾言，“一粥一饭，当思来之不易；半丝半缕，恒念物力维艰。”② 朱柏庐虽然没有提到“勤俭”二字，但从字里行间我们不难感受到他勤俭的思想。现如今，社会生产力发展迅速，大部分孩子已经不需要为了填饱肚子而从事农业活动。但是，我们仍需加强对孩子的劳动教育，培养其坚强勇敢、不畏困难的良好品质。

第二，以红色家风为抓手。红色家风也称革命家风，是指为中华人民共和国成立和社会主义建设事业做出贡献的革命前辈教育家人的理念和方法。③ 红色家风展现了革命家庭的教育思想、道德品质、生活习惯，是构建优秀家风的重要抓手。受马克思主义的影响，红色家风在教育目标上表现为注重人自由而全面的发展。熊亨瀚曾提及过关于子女教育的问题：“可读，

---

① 李楠．传世家训家书宝典［M］．北京：西苑出版社，2006：84.
② 翟博．中国家训经典［M］．海口：海南出版社，2002：72.
③ 陈苏珍．以红色家风涵养当代大学生价值观研究［D］．福州：福建师范大学，2021.

则苦读；不可读，则或工或农或商，务必有一定职业。荣儿体强，将来似可使学军，以继吾志。”① 我们可以从他的话中感受到劳动不分贵贱的理念。现如今，社会多元化发展，每个人实现人生价值的途径更加多样化。家庭应当营造积极而又宽松的环境，帮助孩子树立“为人民服务”的思想，鼓励孩子尝试丰富多彩的劳动，形成劳动不分等级的正确价值观。同时，红色家风是站在无产阶级立场上的，其渗透着尊重劳动者、肯定劳动者价值的思想。董必武曾在家信中提道：“我们社会上有一种很陈腐的甚至很坏的旧观念就是鄙视劳动，认为不劳动而能生活、生活得比劳动者还好才算享福。革命了，必须纠正过来，我们应该以劳动生活为光荣，不劳动除了疾病老弱不胜者外，就不得食。”② 可见，董必武十分崇尚劳动。师范生不仅应当形成尊重劳动者的正确思想，还应不断提升自身的专业素养，努力使自己成为一名自食其力的劳动者。

第三，以社会主义核心价值观为引领。社会主义核心价值观是社会主义核心价值体系的内核，体现社会主义核心价值体系的根本性质和基本特征。当代优秀家风是在社会主义制度背景下建构的，社会主义核心价值观对优秀家风体系构建发挥着引领与导向的作用。社会主义核心价值观分为“国家”“社会”“个人”三个维度，其中个人层面的“敬业”要求公民克己奉公、服务人民、爱岗敬业。在日常生活中，家长应当以身作则，用行动向晚辈们展现自己敬业的态度。

第四，以国外劳动奉献理念为补充。国外很早就有关于劳动意识理念的出现，并逐步发展成为一些国家和民族的民族精神。将国外劳动奉献的理念作为优秀家风体系建构的补充，有利于丰富家风体系的内涵。德国法律规定，依据年龄特点，孩子都要在家帮助父母完成相应的家务劳动，以培养孩子的劳动意识与习惯。日本的父母从小就向孩子传递“不要给别人添麻烦”的思想，注重培养孩子的独立能力，认为孩子做家务是应尽的义务。我们可

---

① 中共中央文献研究室，中央档案馆《党的文献》杂志社．红书简［M］．太原：山西人民出版社，2001：1668.

② 中共中央文献研究室．老一代革命家家书选［M］．北京：中央文献出版社，1990：356.

以结合孩子的特点，合理地借鉴国外家庭劳动教育的理念与举措，将其为我们所用。

（三）家风对师风的影响和意义

家风与师风相互联系、相互促进。良好的家风潜移默化地涵养师范生的劳动素质，师范生步入教师岗位后形成的师风又进一步对学生的劳动家风加以积极的影响。

第一，良好的家风有利于培育“勤劳简朴”的师风。勤劳是中华民族的传统美德和宝贵财富。史书上早已指出，“民生在勤，勤则不匮。”（《左传·宣公十二年》）只有劳动才能创造财富，创造出美好生活。简朴，即崇尚节俭，厉行节约。古人常言：“俭，德之共也；侈，恶之大也。”（《左传·庄公二十四年》）节俭，不只是一种态度，更是一种德行。勤劳简朴，正是作为中华民族长期实践得出的珍贵经验，才一次又一次地被当作家风的重要内容学习和传播。因此，教师应当一以贯之地继承勤劳简朴的风尚，养成热爱劳动、节制简朴的习惯，从而在之后的教学过程中以身作则，向学生传递恰当的劳动观念。

第二，良好的家风有利于培育“爱岗敬业”的师风。敬业，是社会主义核心价值观的重要内容之一。爱岗敬业，意味着我们应当热爱、尊重自己的职位，并持有务实肯干、敬业奉献的态度。作为一名合格的社会成员，愿意在自己的岗位上埋头苦干、精益求精，便是对劳动精神的最好诠释。良好的家风是家庭成员共同的价值观念，有利于将爱岗敬业的劳动精神在行动中贯彻落实，对教师自身的师风具有重大意义。通过积极的劳动家风熏陶，教师会自觉地提高教学素质，注重自身道德品行，从而给学生提供更有价值、更有意义的教学。

第三，良好的家风有利于培育“不畏艰难”的师风。在生活中，每个人总是会或多或少遇到些困难和挫折，然而，这时候我们绝不能当“双腿发软的士兵”，而是应当勇往直前、艰苦奋斗。古人云：“宝剑锋从磨砺出，梅花香自苦寒来。”

宝剑的锋利尚且源于不断的磨砺，梅花的芳香尚且源于经受住了刺骨的寒冷。而一个人，要想有所成就，就必须具备不畏艰难的勇气与胆量。教师作为人类灵魂的工程师，更应培养不畏艰难的可贵品质。无论是什么时候共产党人始终一心一意为国为民，从不畏惧任何艰难。他们一往无前的英勇身姿便是这一品质的生动展现。在新时代，教师理应时刻牢记红色家风的内涵，在教师职业生涯中做到不畏艰难、积极乐观。

第五章　社会教育：师范生劳动教育拓展实践路径

习近平总书记曾指出，办好教育事业，家庭、学校、政府、社会都有责任。① 社会为大学生劳动教育提供最大的实践阵地和最前沿的时代诉求，是大学生开展劳动教育的重要阵地，也是大学生劳动教育实效性的检验阵地。新时代大学生劳动教育需要充分整合各项社会资源，最大限度地发挥社会教育的优势，形成全社会共同关心、支持劳动教育的社会氛围和全社会一体化育人的协同模式，确保大学生劳动教育稳步推进。

第一节　重构崇尚劳动的社会风尚

一、加强重视劳动政策导向

2020 年 3 月 20 日，中共中央、国务院印发《关于全面加强新时代大中小学劳动教育的意见》，强调各级政府要把劳动教育摆上重要议题，出台相关的政策。在全面推进劳动教育的过程中，要始终利用好政策的“指挥棒”作用，为劳动教育的落实打造勇往直前的强劲引擎。然而，随着时代的进步，劳动教育的成长环境早已翻新——新的技术、新的实践形式、新的教学模式等不断涌现，为劳动教育的发展带来新的问题与挑战。因此，同样需要新的政策对症下药，规范劳动教育的新环境，导向劳动教育的新风尚。以

① 张烁．习近平：坚持中国特色社会主义教育发展道路　培养德智体美劳全面发展的社会主义建设者和接班人［N］．人民日报，2018－09－11（01）．

下，将从提升覆盖性、有效性、适配性、积极性四个方面为政策的调整提供建设性意见。

第一，提升政策的覆盖性。无论是当前已有的劳动育人工作，还是新时代涌现的劳动教育的新领域、新模式，均尚存政策空白。① 因此，各级政府必须针对当前政策尚未涉及、管理之处，调整范围，查缺补漏。其中最为重要的，便是注意覆盖要全面，遍及劳动教育的全过程。对于准备阶段，要完善政策以便为劳动教育提供基础的条件，协调、统筹资源，打造并规范更多新的劳动实践学习场地，例如勤工俭学、志愿服务、创新创业教育的基地和场地等，制定相应的培训、考核、管理、激励政策，以便提高劳动教育的师资水平，丰富劳动教育的经费来源渠道，规整劳动教育的经费管理；对于实践阶段，必须制定相关政策组织劳动教育专门的课程开发与教材研发，并鼓励专业的社会组织、机构提供相应的帮助与指导；对于评价阶段，既要制定一系列条例量化劳动课程的评价指标，又要赋权多主体来维护、监督劳动教育的教学成果，例如，将劳动课程列为区域高校教育质量的指标之一。除此，覆盖要具体。例如，政府如何将就业的优惠便利具体落实到高校不同专业的学生之中；高校如何与中小学达成双方共赢的合作，将中小学作为师范生的实践场所；师范生如何利用在校期间劳动实践场景下的成果在竞聘时具有优势……政策的覆盖不能仅仅停留在范围上的点到即止，需要在扩大应用范围的基础上规范具体的操作，才可能实现政策供给的精准化。

第二，提升政策的有效性。即使政策覆盖了所有劳动教育涉及的应用场景，依然可能存在政策无法使用的情况。此时，政策明面上的“有”制定，也被发挥出了“无”的效用。一方面，部分政策的抽象制定与落实机构的实际情况产生了矛盾，导致政策无法具体实施。如今，在劳动教育被党和国家高度重视的局面下，仍然有相关机构无法将政策具体落实到具体的人身上。这可能是因为政策中提及的大部分为一般场景，并未对特殊情况具体分析，实际操作性不强。而落实政策的机构却是各有各的情况，对于部分政策

---

① 洪晓畅．新时代高校实践育人协同创新研究［D］．长春：东北师范大学，2022.

的落实存在困难，面对上层的检查，也只能将落实过程虚拟化，落实结果形式化。因此，既要保证政策制定的高度，又要在政策制定时考虑其效度，尽量分情况解读同样的政策在不同的教育场景中的实践，打开政策的可操作空间。当然，必须鼓励社会各界监督政策实施，丰富其公众监督反馈的途径，以便了解政策实施的真正情况。而对于实践结果的真实收集，也有利于后续政策的改进。另一方面，对政策的解读与操作不当，也可能会阻碍政策的有效使用。例如，部分高校在鼓励高校生进行社会实践时，过于注重结果而轻视实践锻炼的过程，导致学生群体中出现了许多“只盖章不干活”的现象，违背了政策制定的初衷，导向不良。社会各机构在参与政策实施时，必须接受培训，上下其心，了解具体政策下发时的真正出发点，才有利于政策后续的实施。

第三，提升政策的适配性。政策有效，政策间的联动才有了前提，各级政策适配度的提高才有了可能。各地政府因地制宜，给予政策不同的解法，既有利于上文政策有效性的提升，也有利于不同地方在规定普遍性中发展其独特性。例如，《大中小学劳动教育指导纲要（试行)》规定“要独立开设劳动教育必修课”，但并未规定具体的授课内容，某地以竹编非遗技艺闻名，当地便可以将该竹编技艺请进校园，作为高校学生劳动实践课程的授课资源。区域内的教育环境通常呈现趋同、相似或互相辅佐的特征，各地政府对政策的个性化实施也属于各级政策之间有效衔接的前提。例如，浙江省的省级政策在制定劳动教育的相关资料时，主要聚焦于省内的优秀案例与特色精神，而浙江省各地级市的政策为突出本市特色，在宣扬劳动精神时必然也重点强调宣扬本市乃至本省的优秀人物事迹，省级政策与市级政策间便存在贯通的可能。除此，各级政策之间的衔接性还在其他方面大大影响着政策的适配度——各级政策之间不能产生冲突，既要在总体上保持一致，又要在具体政策上相辅相成。前者在实践过程中通常不存在较大的问题，而后者往往因为不同级别的政策观察的角度、维度不同，面对的现实情况也不同，或未能观察、考虑、囊括到更多特殊情况，导致具体落实时不同级别的具体政策存在冲突。因此，在上一级政府制定相关政策或决定时，下级政府最好应到尽到，参与政策制定的商榷环节。即使下级无法参与决策，也需要上级就具体教育工作通过后续的会议培训、下发通知等方法达成共识。① 而下级政府在执行上存在问题时，应优先执行上级的政策，当遇到特殊情况无法落实具体政策时，上级政府需要及时了解下级的工作开展情况，指派专业人士予以指导，并在合适的时间调整政策，下级政府也需立即接受相关指令并实时反馈。

第四，提升政策的积极性。政策除了有导向、协调、规范作用，还具有激励作用。在落实劳动教育的渐进过程中，需要政府提供优惠，降低某些行为的行动成本，或者针对部分行为进行激励，提升意愿、强化行为的产生，从而实现由被动到主动，由态度到行为再到精神的教育过程。因此，政府需要优化劳动教育的激励机制，丰富劳动教育的优惠政策。例如，政府印发政策，牵头高校与企业，通过为提供高校生实习机会的企业提供便利等方式，搭建校企合作平台，降低高校生的实习、就业成本。不过，政策既要完善激励机制、鼓励劳动行为本身，也要奖励宣扬劳动的行为，例如，为高校生职业规划赛等活动提供支持，并将其列为大学生综合素质测评的加分项之一等，努力建设劳动友好型社会。

二、完善劳动保障制度建设

毛泽东同志曾经指出："人是生活在制度中的，同样是那些人，施行这种制度，人们不积极，实施另外一种制度，人们就积极了。制度对了头，就会促进生产积极性和创造性，从而为各种思想问题的解决提供良好的条件，开展思想政治工作就有效多了。"② 劳动教育制度是指为了调节、引导、规范劳动教育相关部门和工作人员在劳动教育过程中的行为而制定的措施、条例、计划、方案、规则或工作指南，是一种刚性的、硬约束的教育手段，对新时代大学生劳动教育有保障作用。

一是完善劳动教育的法律制度。政策法规是社会成员的行为准则，是经济发展和社会进步的保障，同样也是教育工作有章可循的关键。因此，要逐

① 洪晓畅．新时代高校实践育人协同创新研究［D］．长春：东北师范大学，2022.

② 中共中央文献研究室编．毛泽东年谱（1893—1949）上卷［M］．北京：中央文献出版社，2013：529.

步完善与高等教育全面发展相衔接、与大学生劳动教育相适应的法律法规制度。国家关于大学生劳动教育的决议和条例，以及相关的法律法规是开展大学生劳动教育的依据。目前，劳动教育已被纳入国民教育体系，但与德育、智育、美育、体育相比，劳动教育相对薄弱，各高校开展劳动教育的灵活度、随意性较大。因此，还要围绕党和国家的相关法律、法规，进一步完善高等教育系统开展劳动教育的法律规范，将其纳入法治轨道。比如，对劳动教育的职责划分、教育原则、目标导向、师资培训、资源配备等方面做出长远规划，并通过颁布指导纲要等方式为高校开展劳动教育指明方向。各级政府应在国家政策指导下，出台符合当地经济发展水平和地域特点的大学生劳动教育方案，促进劳动教育的发展和效果的提升。目前的《中华人民共和国高等教育法》中与大学生劳动教育相关的内容主要体现在对学生专业知识、专业技能的要求，对学生进行勤工助学、社会服务等实践活动的鼓励，可以增加对高校劳动教育和大学生劳动素养的明确要求。①

二是完善劳动教育的理论制度。我国劳动教育历史悠久，并在实践探索中逐步形成具有中国特色的制度理论体系。② 首先，劳动教育制度理论体系建设要扎根中国大地。“任何一种教育都有其产生和发展的土壤，这种土壤是由特定的历史、传统、环境等形成的，不仅孕育了教育的生命，而且滋养着教育发展。”③ 因此，尊重我国劳动教育的历史，汲取理论营养，不仅要肯定和继承我国劳动教育的丰硕成果，更要看清和警惕劳动教育探索过程中的偏离与失误，在取其精华，去其糟粕中不断用实践检验真理，用创新淬炼理论。其次，劳动教育制度理论体系建设要把握中国特色。新时代大学生劳动教育理论应该在坚持马克思主义劳动观、遵循教育发展规律的基础上，彰显出鲜明的中国实践特色、中国理论特色、中华民族特色和新时代特色。④

---

① 卢心悦．新时代大学生劳动教育研究［D］．上海：华东师范大学，2020.

② 王彦庆．新时代大学生劳动教育研究［D］．哈尔滨：哈尔滨师范大学，2021.

③ 靳玉乐，张铭凯．新时代中国特色社会主义教育思想体系的核心理念［J］．西南大学学报（社会科学版），2020，46（1）.

④ 郑刚，杨雁茹．中国教育制度优越性的基本定位、根本依据和提升策略［J］．西南大学学报（社会科学版），2021，47（1）.

三是完善大中小学一体化劳动教育制度。随着《关于全面加强新时代大中小学劳动教育的意见》的出台，大中小学一体化劳动教育的发展已具备初步的方向性指导。但在大学生劳动教育实施和开展时，需要坚持一体化连贯式的教育原则，充分体现大学生劳动教育与中小学生劳动教育的连贯与衔接，此外，应该充分遵循大学生的身心发展规律和牢记时代赋予青年学生的历史使命，体现出大学生劳动教育与中小学生劳动教育的阶段性和特殊性。例如，大学生劳动教育的主要目的是培养社会的“准劳动者”，作为踏入社会、成为职业劳动者的最后学习教育阶段，高校劳动教育要帮助大学生做好劳动准备工作，树立正确的劳动价值观和就业创业观，培养学生基本的劳动知识技能、劳动态度和劳动习惯，引导学生将个人的美好生活与国家的兴旺发展联系起来，促使其为国家发展建功立业、贡献力量。

三、发挥主流媒体引导作用

主流媒体能够体现社会主流意识形态，传递时代主旋律，是人心向背的风向标。大学生劳动教育必须重视主流媒体的引导作用，抢占学生思想高地，凝聚学生精神动能，让大学生在潜移默化中感受劳动最光荣、劳动最伟大的时代强音。

一是坚持宣传推广主旋律。宣传报道是否符合社会主义核心价值观的价值取向是衡量和判断政治导向是否正确的关键指标，这是事关政治性和原则性的方向问题，是丝毫不能含糊的。在社会多元发展的大环境中，主流媒体要充分发挥其权威地位和主导作用，传播正能量，唱响主旋律。在日常的宣传报道中，注重融入以下内容，如各行各业劳动模范、大国良师以及青年学生、青年劳动者的劳动先进事迹，并且要确保宣传有力、效果卓越，持续加强引导能力，形成有利于劳动教育建设的良好氛围，这样才能巩固马克思主义劳动价值观的主导地位，为全国人民团结奋斗打下坚实的思想基础。同时，主流媒体应紧紧把握住话语权，围绕人民群众关注的热点、难点问题，立足于人民群众最关心的话题，积极回应，精准报道，引领社会思潮朝着积极、理性的方向发展。

二是综合运用多种宣传媒体。面对新兴媒体的强势来袭，当前受众阅读习惯的改变，以及“网络原住民”的媒体使用频次，必须建构传统媒体与新媒体优势互补、融合发展的宣传模式。首先，充分利用报纸、电视、广播等传统媒体的特点，发挥其品牌、权威、专业和人才的优势，积极引导，加强对新媒体的监管，并完善新媒体管理与运行的相关法律法规。其次，推动传统媒体与新媒体的合作，利用新媒体覆盖面广、互动性强的特点，以群众适宜的语言创作具有高可读性和广泛覆盖的新闻作品，同时通过滚动发布、网络评论、即时通信和手机短信等方式，提升影响力、针对性和实效性。第三，加强公众监管，纠偏错误劳动价值导向。有些不良媒体大肆报道“学历贬值论”“读书无用论”，制造劳动不平等、不尊重劳动的舆论导向。对于类似现象，监管部门应加强管控，主流媒体应抢占舆论高地，围绕乡村振兴、“互联网 +”现代农业的时代背景，称赞大学生抓住机遇、回家乡开展创业活动、服务家乡、振兴家乡的劳动精神。最后，教育工作者可以跟随新媒体的发展步伐，有效解读、理解和传达媒介信息，在劳动教育中应用媒介手段，并利用网络媒介创新劳动教育开展的方式和方法，进而进一步巩固社会主义先进文化的传播阵地，进一步丰富公共文化服务的平台载体，进一步拓展学生精神文化生活的广阔空间，最终构建传播劳动价值观和舆论引导的新格局。

三是运用模范榜样领唱。一个劳动模范，就是一本鲜活的社会主义核心价值体系教科书。开展大学生劳动教育，需要主流媒体加强对劳动模范和劳动榜样的宣传报道。宣传和报道劳动模范等先进典型，就是在群众中树立了一面旗帜、一个标杆、一种导向。一方面，选择“共和国勋章”获得者、大国工匠、感动中国人物等“高大上”的劳动模范、先进典型，引导学生树立崇高、神圣的职业理想，鼓励学生将个人命运与国家未来相结合，激发青年学生投身于中国特色社会主义现代化建设的昂扬斗志。另一方面，从普通的劳动人物入手，讲述他们平凡的劳动生活，让“沾泥土、带露珠、冒热气”的淳朴劳动模范形象和创新创造型劳动模范形象呈现在青年群体面前。

第二节 重建社会劳动的基础功能

一、优化社会教育环境

无论是学校还是家庭，都存在于社会之中，社会环境是开展学生劳动教育的必要条件和天然土壤。大学生劳动教育需要在一个良好的社会环境中进行，然而，我国的社会教育环境仍然亟待解决各种各样的问题，若不妥善处理这些问题，就无法做到对症下药，只有采取有效措施才能改善社会整体环境。

（一）发挥各级政府的主导作用

各级政府作为大学生劳动教育开展的重要一环，肩负着指导、监督和支持的责任，地方各级政府在加强大学生劳动教育中应该充分发挥主导作用，各司其职，强化落实，打通学校与社会、教育与生活的壁垒围墙，促进新时代大学生劳动教育全域推进、全面开花。

第一，强化主体责任。其一，加强顶层设计，完善政策。2020 年，《关于全面加强新时代大中小学劳动教育的意见》已经明确划分了各级党委和政府在劳动教育中的工作职责，强调劳动教育应列入各级政府重点工作任务中统筹规划、着力推进，明确劳动教育内容，建立实施劳动教育的长效机制。地方各级党委应认真贯彻落实国家关于大学生劳动教育的大政方针和决策部署，以政府文件的形式明确学校、社会、家庭等各主体的劳动教育责任，例如，出台相应政策鼓励工农组织、企事业单位、社会机构等履行社会职责，搭建劳动教育实践平台，为大学生劳动教育提供开放劳动场所，切实帮助大学生提升劳动素养。其二，突出地域特色，各级政府应结合当地经济社会发展水平，充分挖掘当地传统文化资源、自然环境资源等特色资源，从实际出发，因地制宜制订劳动教育方案，提升大学生劳动教育效果。例如，经济发达地区可以挖掘高新技术企业的劳动教育资源，将劳动教育与创新创业教育结合起来，提升学生创造性劳动能力；经济相对落后地区可以将劳动教育与乡村振兴、脱贫攻坚结合起来，鼓励大学生服务地方，助力乡村振兴；自然资源丰富地区则可以将劳动教育与农业生产、生态文明结合起来，鼓励学生走进大自然，通过参与劳动体验人与自然的和谐共生关系，感知当地风土人情，培养学生劳动情感。其三，加大资源供给，促进良性发展。各级政府要加强对大学生劳动教育的经费预算和财政投入，推进大学生劳动教育实践基地建设，调度多方力量扩大高校资金来源，为高校配备齐全的校内基础设施、良好教育环境以及专业师资队伍来提供物质保障。此外，各级政府要深入了解广大劳动群众当前最关心的现实问题，切实保障劳动者的合法权益和主人翁地位，营造公平正义的社会氛围，为新时代大学生劳动教育保驾护航。

第二，完善制度保障。公平公正的社会制度建设是中国治理现代化的基石，不仅关系到劳动者的权益保障，影响劳动教育实效性的提升，更是营造崇尚劳动、尊重劳动社会风气的有效保障。其一，政府需要进一步优化劳动保障体系，以满足劳动者日益增长的对美好生活的基本需求，当前，由于劳动就业形势急剧变化，导致了劳动者在社会地位和薪酬方面的巨大不平等。为了维护和发展劳动者的经济、政治和文化等各项权益，国家应该完善劳动保障体系，确保他们在劳动中得到尊重、觉得体面、获得幸福和过得富足。[①] 其二，政府需要进一步优化劳动收入的分配制度，兼顾效率与公平，扎实推进共同富裕。收入分配问题不仅是经济议题，更是关乎社会公平正义、社会福祉实现的社会议题。我国目前存在的收入分配不平衡主要体现在新业态从业人员与企业的劳动关系和权责分配尚未明确、创新生产要素的收入分配机制尚未完善，以及新兴和传统行业的收入差距不断扩大等方面。[②] 国家应当提高劳动在社会财富分配中的比例，纠正某些学生存在的“一夜暴富”“热衷网红”等错误观念，使劳动者在享有社会公平发展机会的前提下，充分享受社会主义公平分配的权益[③]；此外，改进创新激励机制，比如

---

① 王秀杰，邱吉．劳动教育思想的历史嬗变与价值创生进路［J］．河南师范大学学报（哲学社会科学版），2022，49（5）：150－156.

② 潘春阳，吴柏钧．构建公平合理的收入分配制度：新中国七十年探索［J］．中央社会主义学院学报，2022（4）：158－171.

③ 韩喜平，何况．分配制度变革何以推动共同富裕现代化［J］．广西师范大学学报（哲学社会科学版），2021，57（6）：1－9.

通过建立完善的知识产权保护制度，既可以激发创造性劳动者的创新积极性，又可以保护他们的合法权益。其三，政府需要进一步优化劳动争议的处理制度，充分保障劳动者的合法权益。假如学生经常目睹社会中劳动者为维护自己的权益而受挫碰壁的情景，这将极大地动摇他们对劳动者身份的内在认同感。[①] 因此，应该进一步完善法律体系，提升解决劳动纠纷的水平和效率，确保劳动者得到应有的尊重。[②]

第三，引领社会思潮。随着我国经济的迅速发展，社会思潮日益多元化，出现了消费主义、自由主义和实用主义等不同的思潮，尤其是西方“自由”思潮在大学校园中蔓延开来，使得一些学生对“成才不如发财”产生向往，试图通过“一夜暴富”或“成为网红”来实现自己的梦想，最终导致了学生们玩物丧志、懒散消极。政府在当下背景中应该坚持用社会主义核心价值观引领各种不同的社会思潮。

社会主义核心价值观要求人们在国家、社会、公民三个维度积极践行正确的价值目标和准则。只有人民拥有信仰，国家才会变得强大。推广社会主义核心价值观是为了在整个社会中营造“崇尚劳动”的“蔚然风气”[③]，自觉抵制各种不正确和反动的社会思潮。

因此，就要加大社会主义核心价值观主流思潮的宣传力度，充分发挥社会媒体在积极、健康的劳动文化建设方面的正面引领作用。一方面，健全大众传媒的行为规范制度，完善对媒体的社会约束，国务院新闻办公室、国家新闻出版广电总局等相关部门应加强对媒体引导和监管，切实加大对青年学生喜闻乐见的综艺作品、影视作品、读物作品的审查，确保全媒体传播思想的一致性，宣传弘扬积极健康、正面向上的劳动文化价值取向。另一方面，加强媒体自律性，提升媒体从业人员的职业道德修养。主动避免出现渲染、传播与马克思主义劳动观相背离的影视作品、文艺作品、综艺节目等，为大

---

① 班建武．新时代劳动教育社会支持的现实挑战及应对路径［J］．中国电化教育，2021（11）：1－6.

② 檀传宝，郭岚．劳动教育是一种社会建构——论作为社会教育的劳动教育［J］．教育科学研究，2023（2）：5－11.

③ 习近平．在庆祝“五一”国际劳动节暨表彰全国劳动模范和先进工作者大会上的讲话［N］．人民日报，2015－04－29（02）.

学生劳动价值观的养成提供一个良好的社会文化氛围。

（二）发挥主流媒体的主导作用

青年学生养成“热爱劳动”的正确价值观念，全社会营造起“崇尚劳动”的“蔚然风气”，离不开主流媒体的正确引导和推动。在“人人皆是媒体人”“全民皆可传播”的信息时代，媒体对人民生活的影响越来越大，对人们的人生观和价值观造成深远影响，但这并不意味着职业媒体人和主流媒体可以退出文化传播舞台，相反，这对主流媒体和专业媒体人提出了更高要求。

第一，弘扬正确的劳动价值观。当前，“人人皆媒体”的传播主体多元化，导致信息传播格局变得更加复杂化，人民群众虽有传播权利，但未经过专业训练，对于信息的筛选，更多的是基于个人的情绪状态和直觉感受，缺乏科学理性辨别是非的能力，这就要求各大媒体在报道时应遵循实事求是的原则，对信息的采用有所选择，不能“有闻必录”。传媒的社会效益永远要摆在经济效益之前，要讲究宣传艺术，提高语言凝练水平。传媒不只是写几篇文章，用空话、官话、大话交差，需要有高层次的思想理论水平，新颖的传播方式，大力营造健康向上的崇尚劳动的文化导向，竭尽全力抑制负面信息对正确价值观的冲击和干扰。

第二，宣传习近平新时代中国特色社会主义劳动观。劳动的环境、劳动的形态、劳动的内容、劳动的观念有着深深的时代烙印，新时代弘扬正确的劳动价值观，不仅是鼓励劳动者苦干、勤干，更要唤醒劳动者实干、巧干的创新劳动、创造性劳动，不仅追求人生价值，更应将个人价值与集体价值有机融合。可以将助力乡村振兴、实现共同富裕、教育强国、科技强国、人才强国等新时代的主旋律教育内容作为劳动教育的重要资源，让学生在全面建设社会主义现代化国家的实践中绽放光彩，帮助大学生树立正确的道德观念，此外，可以结合社会热点、难点问题进行讨论，让大学生在思辨中明确社会主义立场，增强对国家和社会的情感认同。

第三，要加强传媒监管力度。政府要加强对信息传播等的立法和执法力度，确保监管的长效机制建设，加大违规违法行为的惩处力度。宣传部门和出版单位对传媒出现的不正确导向应及时发现、及时制止，严重的还要依据法律法规勒令整改。注重技术手段的使用，如程序监督和跟踪功能，严惩违法行为或违反道德的信息传播行为，通过技术手段加强信息监督。

（三）发挥各级社区的主导作用

社区是拓展大学生劳动教育实施的基层空间，随着我国城镇化的进程加快，社区在青少年成长中的作用不断提高。

第一，加强基层社区的互动。在国外一些发达国家，其社区也会参与到对青少年的教育中来，比如，美国一直重视与周围社区的互动，加强社区与高校在技术和经济领域、领导力教育、基础设施开放等领域的互动与融合，美国科罗拉多大学的“校长领导力训练班”项目，对各年级学生参与社区服务的时间要求如下：新生 70 小时；二年级 60 小时；三年级 50 小时；四年级 40 小时。[①] 日本经常举办志愿者服务活动，让学生参与其中，帮助学生进行实践。社区服务的范围涵盖了基层居民，因此为解决家庭问题和建立和谐社区氛围提供了有力支持。可以看出，社区在开展劳动教育中发挥着独特的作用。因此，政府应当鼓励社区在环境、卫生、人文等方面进行建设，并通过社区教育平台推动社区化教育活动的开展。比如，通过建立社区大学生志愿服务站，落实大学生劳动教育实践基地，实施大学生社会实践行动计划，引导大学生在空余时间投入志愿活动，促进他们将所学知识运用到服务社会的实践中去；可以邀请社区服务的范围内具有一定影响力的各行各业成功人士担任社区导师，有计划地策划和开展各类教育宣传活动；关心社区中贫困的大学生帮助其完成学业，进而推动大学生带动整个家庭脱贫致富。此外，高校需要与社区保持紧密联系，通过发放大学生假期社区实践报告表等方式，将大学生在社区内的表现与学校表现联系起来，完善对大学生综合素养的考察与引导。

第二，注重学生社区的建设。大学生社区是指以大学生居住区和周边的文化娱乐区、商业网点区等为中心，满足大学生课外学习、生活、娱乐等需

---

① 房欲飞. 大学生领导力教育：美国高校和社区互动的新载体 [J]. 国外高等教育，2008 (3)：143.

求以及大学生相互交流、互相影响的成长空间①，大学生社区具有重要的育人功能，为有效发挥其育人功能，应该坚持党委领导，健全学生社区基层党组织的建设，突出思想引领和组织引领。

二、打造劳动光荣的网络文化环境

有调查显示，大学生平均每天接触网络媒体的时间大大超出传统媒体，有近一半大学生每天上网时间多于 4 小时，而用在报纸、广播等传统媒体上的时间比较少，近一半大学生每天使用传统媒体时间不足 1 小时②，这就表明，网络是目前大学生接触频率最高的媒体形态。网络的迅猛发展催生了大学生劳动教育的新模式、新方法、新平台。打造劳动光荣的网络文化环境是适应信息时代发展的趋势，也是社会主义意识形态实现有效渗透的重要路径。

（一）运用网络互助，加强劳动教育指导

网络互动是指社会和教育工作者利用互联网平台，就大学生关注度较高的话题展开讨论，其中包括大学生情感、大学生学业和社会热点等问题。教育工作者应该围绕着学生的需求，以学生为中心，以实际问题为出发点，把握正确的言论方向，引导他们树立正确的劳动价值观和劳动精神。在与大学生进行网络交流的过程中，可以通过渗透教育的方式，使他们不自觉地树立起劳动的价值观。网络的平等与虚拟性让人们的社交范围得到了极大扩展。网络互动促进了教育者与大学生之间的交流与学习，从而在思想上取得共同进步。

其一，教育者应主动走进高校学生使用频次较高的网络交流平台，如腾讯 QQ、微信、微博、小红书等，这不仅是学生发布信息的重要网络载体，也是学生人际交往、释放情绪、倾诉想法的空间，能够真实地反映学生的思想动态和价值态度，教育者应利用好这些平台倾听学生心声、回应学生需

① 杨爱华．新时代大学生社区育人面临的挑战与优化路径［J］．思想教育研究，2021（5）：154－157.

② 邓若伊，蒋忠波．网络传播与大学生社会主义核心价值观的建构——基于五省市大学生的调查分析［J］．西南民族大学学报，2011（11）：172－176.

求。其二，教育者应主动走进学生内心，用饱含着贴心、爱心、耐心的真诚态度去倾诉学习的苦闷，解决学生现实中的问题，让学生感觉到教育者不仅是只懂说教的长者，还是学生的知心朋友、人生导师，从而提升思想教育的有效性，也在一定程度上实现了教育者通过网络媒体对学生进行监管和教育的双重作用。

（二）通过网络自律，提升劳动教育认知

不可否认，网络媒体是一把双刃剑，大学生在利用网络服务于自身学习、生活和工作的同时，也面临着沉迷网络游戏、网络伦理失范、信仰动摇和价值观错位等问题。[①] 网络自律是指学生通过思想教育，强化网络自律意识，加强网络心理健康教育和网络伦理道德教育，规避减少网络失范行为以抢占高校大学生网络教育阵地的重要教育方法。

第一，加强网络心理健康教育。优化网络文化环境，应首先让学生对互联网有科学的了解，正确理解网络、客观评价网络，澄清上网动机，识别并辨别网络的弊端，积极筛选各类网络信息的真实性。其次，依托线上心理健康教育平台开展心理健康教育。目前，社会和高校有比较充足的心理健康教育线上平台，内容涉及心理测试和心理问题的个案分析、心理健康知识、网上心理咨询、人际交往以及生涯指导等。因为网络心理健康教育强调师生之间的平等与互动，所以学生更愿意通过网络向老师分享他们的心理问题和生活困惑，从而改变了传统的单向灌输、面对面解决问题的方式。该方法不仅有益于解决大学生面临的各种问题，也有助于教师及时发现，能够更早地帮助学生解决问题。

第二，加强网络伦理道德教育。由于网络技术的复杂性，导致相关法规监管困难，因此，重视网络道德自律，加强青少年网络道德教育，让他们明白应该遵守何种规范变得尤为重要。与此同时，还需加强大学生对网络法规、网络安全及网络交往诚信意识等方面的教育，帮助大学生树立良好的网络交往动机，主动防范网络诚信问题，遵守网络道德和法规，为促进网络社会文明和谐做出努力。同时，依法严惩违反网络规范的行为，然

---

① 曾黎．自律是大学生网络道德教育的着力点［J］．教育探索，2007（12）：65－67．

而，惩罚不是最终目的，要实现网络的和谐秩序更应该依靠学生的网络伦理道德自律。

（三）通过优化环境，保障劳动教育实践

利用网络对大学生进行劳动教育时，应该加强网络的规范化管理，优化网络环境建设。加大对网络的投资力度，加强对网站的监督管理，做好网络信息的把关工作，为劳动教育的实施提供有效支撑。

第一，加强网络的规范化和法治化管理。要建立起绿色的网络环境，就必须依赖健全的法律制度。目前，我国存在一系列有关信息网络的法规文件，包括《中华人民共和国计算机信息系统安全保护条例》《中华人民共和国计算机信息网络国际联网管理暂行规定》《电子认证服务管理办法》以及《通信网络安全防护管理办法》等。各部门、各单位应当高度重视加强网络管理，进行网络用户的实名登记监督，提升网络用户的安全意识、责任意识与政治意识，防止利用网络侵犯国家、集体和他人利益的行为，培养大学生健康的网络伦理道德，确保大学生劳动教育网络的安全运行。

第二，提高网络教育队伍的素质。首先，网络教育队伍需要具备较高的政治理论素养，能够深入分析劳动教育中的热点问题，及时掌握大学生的思想动向，引导他们进行正确思考，协助他们分析并解决问题，积极主动地推动网络教育活动，牢牢掌握网络教育的主动权，提升大学生对劳动教育的认识。其次，网络教育队伍还需要具备较好的网络技术，构建网络技术防控体系，完善应对网络突发事件的紧急预案，了解网络环境，区分信息真伪。最后，网络教育队伍还需要具备更为自觉的网络伦理道德，能够果断抵制各种垃圾信息的传播，真正成为合格的网络阵地监督者。①

三、优化尊重劳动的社会组织教育环境

中共中央、国务院发布的《关于全面加强新时代大中小学劳动教育的意见》中明确提出：“工会、共青团、妇联等群团组织以及各类公益基金

---

① 户可英．大学生社会主义核心价值观教育方法研究［M］．北京：新华出版社，2016：187－192.

会、社会福利组织要组织动员相关力量、搭建活动平台，共同支持学生深入城乡社区、福利院和公共场所等参加志愿服务，开展公益劳动，参与社区治理。”[①] 习近平总书记也曾强调：“工会、共青团、妇联等群团组织是党直接领导的群众组织，承担着组织动员广大人民群众为完成党的中心任务而共同奋斗的重大责任，必须把保持和增强先进性作为重要着力点。”[②] 这充分说明，新时代加强大学生劳动教育要协同工会、共青团、妇联、社区、公司企业等各类社会组织的力量，主动承担社会责任，支持鼓励大学生开展公益劳动，搭建劳动教育实践场地和平台。

一是明确共青团劳动教育的主体责任。2020 年，共青团中央、全国少工委发布的《关于大力加强新时代学生团员、少先队员劳动教育的工作指引》中明确指出，各级共青团和少先队组织要把准定位、积极作为，主动对接和融入学校劳动教育整体格局，做劳动教育事业的战略配合者。[③] 共青团作为党和国家的后备军，是开展大学生劳动教育的战略配合者与重要执行者。共青团要把青年学生的思想政治引领工作与大学生劳动教育紧密融合，首先，夯实理论教育载体，通过理论宣讲，强化“809000”理论宣讲活动，引导学生丰富马克思主义劳动观。其次，夯实实践教育载体，强化品牌建设，以五一劳动节、学雷锋纪念日等关键时间节点分阶段、持续性地开展劳动实践活动，选树青年大学生劳动模范榜样和先进典型，激发学生劳动活力。第三，夯实组织载体，通过建好用好劳动教育实践基地、培养培训劳动教育师资队伍、完善团队劳动教育评价制度、重视安全保障等方式，为劳动实践提供必要保障。最后，持续发挥品牌效应引领青年。如 2007 年由团中央组织实施的“青年马克思主义者培养工程”（简称“青马工程”），以在校大学生骨干为重点培育对象，以理想信念教育为核心目标，以“中国大学生骨干培养学校”（简称“大骨班”）为有力抓手，通过理论学习、劳动

---

① 中共中央 国务院关于全面加强新时代大中小学劳动教育的意见［N］. 人民日报，2020－03－27（1）.

② 习近平：切实保持和增强政治性先进性群众性 开创新形势下党的群团工作新局面［N］. 人民日报，2015－07－08（1）.

③ 杨宝光. 大力加强新时代学生团员、少先队员劳动教育［N］. 中国青年报，2020－06－30.

体验、社会调查、志愿服务、交流研讨等多元学习方式，在各级团委的支持指导下，形成了以国家级、省级、校级自上而下的三级培养体系，以统一的培养目标、统一的培养主题、统一的资源和学员衔接部署，形成了“全国一盘棋、各地有特色、相互协同联动”的系统化、科学化的品牌建设模式，每年教育培养学生近60万人次，成为备受青年学生欢迎、热捧的大学生思想政治教育的响亮品牌。

二是明确工会劳动教育的主体责任。习近平总书记强调：“工会要协同各个方面为劳动模范、大国工匠发挥作用搭建平台、提供舞台，培养造就更多劳动模范、大国工匠。”① 工会组织具有组织体系完备、宣传阵地广泛、群众基础扎实、“五老”教育资源丰富的优势和特点，是开展大学生劳动教育的密切服务者和有力实施者。各级工会组织应充分发挥自身优势，加强对各组织的劳动模范、大国工匠的宣传教育，挖掘“老干部、老战士、老教师、老专家、老模范”等“五老”的教育资源，鼓励各单位的先进工作者走进校园、走上讲台、走近学生，担任大学生的劳动教育讲师、创新创业导师和人生导师，同时，协同其他单位组织，共同建立劳动模范育人示范基地，提升劳动模范、大国工匠的感染力和影响力，增强学生对劳动模范的情感认同和学习激励，推动大学生劳动教育的广泛深入开展。

三是明确社区劳动教育的主体责任。社区是社会的基本单元，一个社区就是一个“小社会”，是人们日常活动的载体，是学生除学校、家庭外接触最多的场域空间，是开展大学生劳动教育的有力补充。社区具有丰富的劳动教育资源，包含自然环境资源，养老院、福利院等公共服务机构资源以及劳动经验、劳动智慧丰富的群众资源，既可以提供多样化的职业劳动体验岗位，也可以提供生动鲜活的劳动教育案例。其一，社区可以通过利用节假日、寒暑假，常态化开展劳动实践社区教育服务，如设立志愿服务的社区岗位，提供街道、居委会、业委会、物业等管理服务岗位的实习实践，组织开展劳动模范的专题宣讲，组织大学生参与社区劳动和服务，参与社区基层治

① 习近平：团结动员亿万职工积极建功新时代 开创我国工运事业和工会工作新局面［N］．人民日报，2018－10－30（01）．

理，锤炼劳动本领，厚植劳动情怀。其二，社区可以增加社区劳动课程、创办社区劳动学校，建好用好社区图书馆、社区家长学校、社区科普活动中心、社区心理咨询室等活动载体，打造具有社区特色的大学生劳动教育模式，在教育实践中培育学生尊重劳动、热爱劳动的品德。

四是明确企事业单位劳动教育的主体责任。企事业单位是社会的重要组成部分，覆盖各行各业，密切联系人们日常的生活与生产，是开展大学生劳动教育的有力支撑。其一，企事业单位可以为大学生劳动教育提供场地和平台支持。如利用各地区的科技创新企业单位、中小学教育单位、教育培训单位、科技馆、图书馆、青少年宫等企事业单位，为大学生提供丰富的校外实习实践基地和平台，通过社会实践、参观观摩、实习实训、顶岗实习、创新创业等形式直接从事职业劳动体验。其二，企事业单位可以为大学生劳动教育提供资金和人员支持。如组织鼓励各单位劳动模范、师德标兵等优秀工作者走进校园，通过影子实习、访谈座谈、主题宣讲等方式分享自身职业劳动经历和劳动成功经验，发挥榜样的示范引领作用。有条件的企事业单位还可以设立专项实习实践资金，提供人员补助、交通补贴、实习工资等，保障大学生劳动教育的开展。

第三节　重塑劳动育人的精神共识

一、打牢劳育综合育人的功能

回顾过去，新中国的劳动教育经历了从“教育与生产劳动相合”到“品德、智力、体质”等方面得到发展，从新时期“德智体美全面发展”到新时代“德智体美劳全面发展”。[①] 教育与生产劳动相结合，培育德智体美劳全面发展的社会主义事业建设者和接班人是全国教育事业的价值追求和目标导向。教育是国之大计，党之大计。高等师范院校是培养大国良师的主要力量，劳动教育具有其独特的育人价值，体现了高等师范院校的时代使命。

① 安巧珍．从“教育与生产劳动相结合”到“劳动教育”的逻辑进路［J］．广西社会科学，2022（3）：97－104.

面对人民群众对教育的美好期盼，努力办好人民满意的教育，提升教师队伍素质的时代命题，需要坚持教育与劳动相结合，把握德育是核心，劳动教育是融合德智体美四育的综合性教育这一命题，通过“五育”之中的劳动教育这一“唯一沟通高等教育与工作世界的育人途径”①，促进师范生将在校学业与未来工作有效融合，促进师范生德智体美劳的全面发展。

一是以劳立德，明确传道使命。先立德而后以德育德，先明道而后以道传道。习近平总书记强调，教育者“既要精于‘授业’、‘解惑’，更要以‘传道’为责任和使命，”② 并提出“四有好老师”“四个引路人”“四个相统一”的重要论断，为师范生的人才培养和发展定位提供了根本遵循和方向指导。劳动教育的“道”，就是教育学生确立马克思主义劳动观，回答好“劳动为何、为何劳动、为谁劳动、如何劳动”的问题。具体言之，使其明确劳动创造物质世界和人类社会的“本源性价值”，理解劳动是社会财富源泉的“经济性价值”，把握劳动促进人的全面发展的“教育性价值”③，树立劳动造福人类、建设国家、发展社会、服务人民、创造人生的基本认识，体悟按劳分配原则所体现的社会正义，培养以劳立身的私德、以劳利他的公德以及以劳报国的大德。

二是以劳增智，发展教育技能。“素质是立身之基，技能是立业之本”。④ 教师教育与劳动教育具有内在统一性。教师教育是专业领域的劳动教育，其目标在于满足教师岗位的劳动需要。各级各类师范院校应根据党和国家的战略安排，着眼于学院的人才培养定位，在师范生的专业学习和实践中强化劳动教育导向。在教师教育过程中，特别注重培养师范生的劳动精神和奋斗精神，使其在深刻体会劳动的获得感和价值感的过程中成长为优秀教师。

---

① 周光礼．论劳动教育在高等教育中的价值定位［J］．劳动教育评论，2020（1）：31－41.

② 习近平．做党和人民满意的好老师——同北京师范大学师生代表座谈时的讲话［N］．人民日报，2014－09－10（02）.

③ 胡君进，檀传宝．马克思主义的劳动价值观与劳动教育观——经典文献的研析［J］．教育研究，2018（5）：9－15，26.

④ 习近平．在知识分子、劳动模范、青年代表座谈会上的讲话［N］．人民日报，2016－04－30（2）.

三是以劳强体，磨炼意志。在科技飞速发展的当今社会，技术革命促进智能化工具持续迭代，人类日益从效率低下的繁重劳动中解放出来。但是，在享受科技便利的同时，也面临体力退化、意志消解的问题。师范院校开展劳动教育，应着眼加强师范生的手脑锻炼和身心塑造，促进体力劳动与专业学习、顶岗支教、实训实习、社会实践、志愿服务等培养方式的深度融合，引导学生崇尚劳动，锤炼体格和磨炼意志，为今后从事基础教育事业做好准备。

四是以劳育美，树立专业自信。“只有当劳动者在合目的性与合规律性统一的劳动中获得自我确证，才是美。”① 要让学生认识到，在劳动的广阔天地里处处充满美，埋头苦干的踏实美、永不退缩的坚韧美、力争上游的自信美、攻坚克难的拼搏美、团结奋进的协作美、改革创新的主动美、敢为人先的勇敢美。这些美的形态，源于劳动者于各自领域勤学苦干，在劳动中掌握和运用规律，产出利己并利他的实践成果，确证了自我价值。高校应引导学生认识、发现、欣赏教师作为劳动者的美，从而坚定专业自信，增强专业主动，积极探索教育教学规律，不断提升专业素养，矢志在基础教育教学的沃土中勤奋耕耘，共同创造大国良师美的气象。

五是以劳促创，推动创新创造。创造性劳动是劳动推动人类社会发展的根本动源。在数字时代的今天，新一轮技术革命正在深刻改变教育的理念、形态与内容，这不仅对师范院校如何应对教育技术变革提出了挑战，也对培育师范生的创新意识、能力与精神提出了迫切要求。要通过劳动教育，引导学生积极关注国家教育发展形势，敏锐把握国家教育事业和区域教育发展出现的新样态、新需求和新机遇，立足各地区的教育实际，促进自身教育教学理念创新、内容创新、方法创新，当好推动教育现代化的创新者，以创新创造升华劳动的意义，特别是有效提升学生教育信息化素养，为从事新时代更富于创造性的教育劳动提供技术支持。②

习近平总书记曾指出，“教育大计，教师为本。努力培养造就一大批一

---

① 鞠玉翠．追寻劳动的教育美学意蕴［J］．教育学报，2018，14（5）：55－62.

② 杨琳．地方师范院校劳动教育的发展指向与实践生成［J］．赣南师范大学学报，2023，44（5）：119－124.

流教师，不断提高教师队伍整体素质，是当前和今后一段时间我国教育事业发展的紧迫任务。”① 劳动教育对于师范生的价值就在于“以劳树德，以劳增智，以劳强体，以劳育美，以劳促创”，打牢劳育综合育人的精神共识，才能让未来高素质教师队伍建设赢在起跑线上。

二、夯实劳育提升能力的驱动

教师职业发展是一个持续不断的过程，随着社会的高速发展和信息的转瞬更新，教师的角色、任务、作用等都发生了巨大变化，传统意义上，教师需要做到“传道、授业、解惑”，现在，教师需要不断解构与建构自我，从而适应新的教师发展要求。师范生作为在校大学生和未来人民教师，接受高等教育阶段是其日后从事教师职业发展的基石。在这一时期，他们学习为师之知识，培育为师之情感，坚固为师之信念，开启为师之道路，这对其未来教师职业有着至关重要的促进作用。②

正如有研究者所言，“大学生接受劳动教育可以看成是一个获取有关劳动的所有知识的过程，是将‘活性劳动知识’‘感性劳动知识’‘理性劳动知识’不断融合、相互转化的动态平衡过程”。③ 从这个视角而言，开展师范生的劳动教育，不仅有助于他们通晓为师的知行之实，也有助力于他们领悟为师的情意之要，从而劳动教育是其职业发展的源泉和动力。

第一，活性职业劳动能力。活性职业劳动能力是指以价值观、抱负和理性为基础，以情感、态度、动机、伦理等为表现形式，以追求自由为目的，是对事物重要性的认识。④ 简单来讲，就是让学生“爱劳动”，形成正确的劳动价值观，活性职业劳动能力不仅是学生学习的开端，更是感性和理性劳

---

① 习近平．做党和人民满意的好老师——同北京师范大学师生代表座谈时的讲话［N］．人民日报，2014.09－10（02）．

② 张铭凯，王潇晨．师范生劳动教育：价值诉求、核心内容与基本方略［J］．黑龙江高教研究，2020（12）：17－21.

③ 刘向兵，赵明霏．构建新时代高校劳动教育体系的理论逻辑与实践路径——基于知识整体理论的视角［J］．中国高教研究，2020（8）：62－66.

④ 屠兴勇．“知识整体理论”的基本假设及理论贡献——基于知识与管理的认识论视角［J］．社会科学．2011（6）．

动能力的基石，结合师范专业的特殊性质，师范生的基础职业能力应该分为三个方面。一是，正确理解劳动价值观。师范生必须充分认识到劳动不仅对于个人专业发展和实现个人价值都起着至关重要的作用，而且对于他们就职后面对的中小学生更是具有深远的意义。如此，以自身的准确理解和深度认同来影响未来中小学生。二是，牢固树立劳动价值观。劳动是中华民族的传统美德，然而在当今社会，这种传统面临着严峻挑战，劳动与回报、利益甚至投机等问题交织在一起，造成不劳而获或少劳而得的不正之风十分猖獗。因此，师范生作为未来教育工作者，尤其需要树立正确的劳动价值观，并努力将其传递给一代代青少年。三是，不断实践劳动价值观。劳动价值观是通过劳动实践来形成的，这不仅是培养和加强劳动价值观的基础，也是检验其真正意义的重要依托。师范生需要将劳动价值观付诸实践，只有这样才能逐渐加深对劳动价值观的理解。最后，培育学生正确的劳动价值观和深厚的劳动情怀，激发热爱劳动、热爱创造的情感态度，使得他们的一切劳动既显经师的真知，也显人师的正道。①

第二，感性职业劳动能力。感性职业劳动能力是指在一定情境中对客观世界进行重构的实践的产物，总是同特定的实践情境和所建构的特定世界相关②，通过劳动教育使学生“会劳动”。劳动教育具有鲜明的实践育人属性，实践是学习和提升感性职业劳动能力的必备路径，只有通过实践才能巩固理论知识，深入理解自然与社会的发展规律。对于师范专业来说，感性职业劳动能力是指在教育教学的实践活动中所应具备的教育技能素养，包括观察学生、了解学生、把握学生特点和需求的能力；对课程、课堂、教学过程的设计、把控、评价能力；对教学行为的思考和调整能力；对学生学习方式的分析引领能力等。

第三，理性教师职业劳动能力。理性知识主要表现为人类通过跨越不同

① 张铭凯，王潇晨．师范生劳动教育：价值诉求、核心内容与基本方略［J］．黑龙江高教研究，2020（12）．

② 屠兴勇，杨百寅．“三元”知识的整体平衡运作管理模型——设计与应用分析的基点［J］．科学学研究，2012（11）．

的情景将事物真实性反映在抽象概念上的编码化认识。[①] 通过劳动知识与技能培育让大学生“懂劳动”。高校劳动教育可以通过劳动技能培育、专业知识传授和劳动知识教育三个层面展开。具体到师范专业，其一，学习学科知识和教育理论，将所学知识与教育实践相结合，具备教书育人的专业能力，如研读义务教育各科课程标准和教材，熟练教育信息技术，正确使用普通话、口头语言、肢体语言和书面语言，做好学情分析，关注学生心理与生理发展特点，增强自身教育教学专业能力水准；其二，坚持实践和反思，具有自我提升、自我发展，不断优化自身知识建构和自身文化底蕴，具有终身学习、终身从教的劳动能力和劳动习惯；其三，遵守劳动法律法规和教师职业规范，厚植合法劳动的知识基础，具有职场自我保护的技能。概括来看，是指师范生懂学生、能教学、会反思的教师职业劳动能力，是师范生专业成长的关键。[②]

综上所述，教师职业劳动能力的发展具有循环往复、螺旋上升的特征，活性职业劳动能力是劳动教育和师范生职业发展的基石，感性劳动和理性劳动是劳动教育和师范生职业发展的最终目标，当这一目标达成后，又将为新一轮的活性劳动提供基础。如此一来，劳动教育有助于师范生注入教师职业底色，奠定教师职业基础，夯实教师素养。[③]

三、畅通劳育选树人才的标准

习近平总书记曾指出：“青年一代的理想信念、精神状态、综合素质，是一个国家核心竞争力的重要因素。”[④] 在这些理想信念、精神状态、综合素质中，最核心的内容就是青年对劳动的热爱程度，试想一个对劳动没有丝

① 屠兴勇，杨百寅．“三元”知识的整体平衡运作管理模型——设计与应用分析的基点［J］．科学学研究，2012（11）．

② 许群，黄培森．师范生劳动教育：内涵意蕴、价值突现与实践路径［J］．四川文理学院学报，2023（9）：101－105．

③ 张铭凯，王潇晨．师范生劳动教育：价值诉求、核心内容与基本方略［J］．黑龙江高教研究，2020（12）．

④ 中共中央文献研究室．习近平关于青少年和共青团工作论述摘编［M］．北京：中央文献出版社，2017：9．

毫情感的人，那他所宣扬拥有的理想信念、精神状态、综合素质也只能是虚无的。因此，应该重视劳动观念、劳动情感、劳动精神等在人才培养尤其是师范生激励、评选中的作用。

（一）师范生朋辈榜样选树存在的问题

当前，各高校依据党和国家的方针政策，提高了劳动教育在人才培养体系中的比重，但由于劳动教育长期以来被弱化，导致当前高校的师范生朋辈榜样选树仍存在一定问题。

第一，师范生朋辈榜样选树多以智育成绩为主，忽视劳育。一般来说，评价师范生典型多以学科理论知识和教师职业技能的掌握为量化评价指标，片面追求应试技巧，片面追求分数指征，片面追求理论掌握，忽略了教师职业技能在职业劳动情境下的实操使用，缺乏综合性考察，容易培养出不会劳动、不懂劳动，对毕业后任教的劳动课程一无所知，劳动素养缺失的学生，因此，完善师范生教育教学能力指标体系迫在眉睫。

第二，师范生朋辈榜样缺乏职业认同感的现象日益严重。如今，部分优秀师范生在毕业求职时"挑肥拣瘦"，"不想去、不愿去"乡村中小学，一些定向培养师范生、公费师范毕业生甚至出现不想当教师的行为现象，如何培养"下得去、留得住"的教师，为基层乡村和中西部欠发达地区输送优秀的教育人才，助力教育振兴乡村成为亟待解决的问题。加强师范生劳动教育与这一要求内在是一致的。

第三，师范生劳育失范现象层出不穷。一部分师范生从小在"学而优则仕"的家庭环境、社会环境中长大，曾经的成长经验在一些师范生的脑海里根深蒂固，而在高校当中如果缺乏适当的引导，这些失范的教学理念容易在这些师范生的教学生涯中复现，给未来的中小学生带来不良的影响，当这些师范生走上教学岗位时，如此周而复始，必定会破坏良好的教育环境。试想如果我们的师范生在今天没有树立"劳动无贵贱"的劳动行业平等观念，不能发自内心地尊重一切的体力和脑力劳动，那么未来他们所教育出来的万千学生如何才能心无芥蒂地、齐心协力地去实现中华民族伟大复兴。

（二）师范生就业岗位选聘存在的问题

为了培养落实"四有"青年的号召，教师的选聘要迎合当下的教育目的和教育方向的潮流趋势，那么师范生的就业岗位选聘的相关要求也要随之改变。在五育并举的时代背景下，更要突出劳动教育在选人用人时的重要地位。而当前师范生在就业岗位选聘时仍存在一定问题。

第一，师范生培养存在一定的风险问题，源于我国培养的师范生有多种类型。其中有一类师范生培养风险较大，他们的工作面向地是一些贫困地区或乡镇小学，这类师范生大多是政府委托高校培养的地方性人才。师范生免费教育政策是我国教师教育改革的基础性政策之一，为我国中小学教师队伍建设提供了重要支持，但免费师范生政策在招生、培养、就业和履约等方面仍然存在一定风险，严重影响了政策目标的有效实施，导致政策目标未能充分发挥，是我国教育领域存在的一个重要问题。

第二，用人单位选用人才时，注重学历忽视综合素质。如今教育水平水涨船高，对大学生的学历要求也越来越高。用人单位把师范生的学历作为选聘的第一标准，甚至出现唯学历是图的不良现象，忽视师范生的综合素养，更忽略了劳动教育职前职后的一体化考量，劳动教育的成效并非一蹴而就，教师的专业成长也并非朝夕之功，部分师范生缺乏职业情感，对教师职业的认同感较低，职后发展后劲不足。

（三）师范生朋辈榜样和岗位选聘突出劳育取向

通过教育让劳动光荣、创造伟大成为铿锵的时代强音，让劳动最光荣、劳动最崇高、劳动最伟大、劳动最美丽蔚然成风。这是习近平总书记对劳动教育的殷切希望和重要指示。

第一，朋辈榜样中突出劳育取向。师范生作为教师队伍的后备军以及未来中小学开展劳动教育的专兼职教师，师范生劳动教育素养的替身有益于为中小学校劳动教育队伍输入血液，是新时代教师教育振兴发展的重要内容，对于提高我国教师质量具有十分重要的现实意义。因此，师范院校应秉持“兴国必先强师”的高位理念，将劳动教育与师范生专业发展高度结合，界定师范生准教师身份和职责，坚持落实立德树人根本任务，遵照学生劳动素养养成基本规律，改变“有教育无劳动”或“有劳动无教育”的问题现状，达到劳动与教育结合、以劳动促进教育的良好局面。

第二，岗位选聘中突出劳育取向。用人单位在选拔、聘用、培养教师时，应围绕教师专业发展的连贯性和大中小学劳动教育的一体性，重点把握师范生劳动教育问题。具体而言，职前重在选拔职业认同度高、劳动能力强、劳动习惯好的师范生；职后重在促使教职工的劳动观念更新、劳动创新启发、劳动价值反思和劳动格局提升，借助持续的在职培训、交流学习、评估激励等方式，不断提升教师的自我认知、自我反省、自我意识，从而更有效地从事教育工作，培养德才兼备的人才。

第六章　自我教育：师范生劳动教育内在实践路径

教育家苏霍姆林斯基曾说过，没有自我教育就没有真正的教育。我国著名教育家叶圣陶先生也曾说过教育的目的就是为了不教育，这里所说的“不教育”不是对教育的放弃，而是指受教育者的自我教育能力和水平得到提升。

师范生自我教育是指师范生以自我为主体，在教育者的启发和引导下，根据社会的要求和自身发展的需要，通过知、情、意、行的发展，使自我不断成长的教育实践活动。故本章节将从师范生劳动教育的自我养成、践行实践、终身持守三个维度讲述师范生自我教育的具体实践路径。

第一节　劳动教育的自我养成

一、塑造正确的劳动价值观

劳动价值观是指在个人和社会层面上对于劳动的根本看法和态度，它关乎个人的生活质量、社会的整体福祉以及对未来的积极期待。师范生作为现在的学生，未来的教师，其劳动价值观的塑造将直接影响我国基础教育的发展。勤学、修德、明辨、笃实作为习近平总书记提出的培育和践行社会主义核心价值观的重要途径和有效方法，同样对于师范生塑造劳动价值观有着指导意义。

（一）勤学

勤学是指勤于学习知识和技能，是塑造劳动价值观的基础。

师范生一方面需要端正学习态度，树立为人师表的意识，辛勤学习，辛勤劳动，强化教书育人的责任，明确学习是塑造劳动价值观的重要途径。通过马克思主义哲学、教育学等理论知识了解、掌握我国新时代劳动教育价值观的内涵与外延，树立辛勤劳动、诚实劳动、创造性劳动等正确的劳动价值观。另一方面需要掌握科学完善的知识结构，师范生作为传道授业的准教师，要将学习放在重要位置，认真学习理论知识，刻苦钻研专业技能，要立足于国家和社会对人才的需求，将自身学科方向与哲学、社会学、经济学等多学科门类结合起来，为自己，也为未来的中小学生形成科学完善的知识结构，只有不断提高自身素养，才能教好学生，哺育未来的花朵。最后，师范生需要形成“终身学习”的理念和习惯，学会创造性劳动，主动对标新时代对学生提出的新要求，适应数字经济时代的新变化，了解当下人工智能、数字劳动、经济规律等新型趋势带给教育教学的机遇和挑战，顺应时代潮流，开展教育教学改革实践，成为复合型、创新型人才。

（二）修德

修德是指修养品德和道德，是塑造劳动价值观的关键。

“践行师德”作为师范生毕业的基本要求之一，是评判师范生人才培养质量的关键指标，师范生更应将立德树人摆在首位。师范生一方面需要加强师德养成，认真接受第一课堂教育教学，主动参与第二课堂师德主题学生活动，提升师德水平。在当今社会，无论是家长还是孩子，都会将关注的重心放在学习成绩上。但是，因为过度追求成绩，校园内出现了各种各样的不良现象，例如越来越常见的“高分低能”现象，迫于学业压力而产生的漠视生命的现象，有些学生成绩优异但素质不高的现象等。由此可见，分数固然重要，但更重要的是培养孩子健全的人格和健康的心理，这就需要教师的引导。教师必须拥有高尚的德行，方能言传身教，给孩子树立好榜样。师范生要学会省察自身的德性品质，提高对自身德性的认识，加强对自身内在品德修养的培养，提高对专业技能训练的主动性和能动性，树立正确的教育价值导向。另一方面也要提高自身的师德实践能力，注重参与教育见习实习，主动参加“三支一扶”“四点钟课堂”“普惠教育”等志愿服务活动，磨炼意志，知行合一。师范生要想给予孩子一滴水，自己就必须拥有一桶水。要培养学生的文化素质基础，就必须具备丰富的文化底蕴，只有知道得越多，才能教授给学生更多的知识。师范生毕业后在工作阶段边教边学自然是必不可少的，但要打好坚实的基础就应该从学生时代做起，不愤不启，不悱不发，带着强烈的求知欲勤奋学习，专注提升自身的文化素养，做到吃苦耐劳、严于律己，做中华优秀传统文化、自然科学文化、社会文化的继承者和传播者。

（三）明辨

明辨是指辨别是非好坏，是塑造劳动价值观的核心。

随着社会资本属性、科技属性的不断凸显，资本力量不断强化，对当今青年学生的劳动观念产生巨大冲击，部分学生出现好逸恶劳、不劳而获、过度消费、拜金主义、享乐主义等错误的劳动观念。在此背景下，师范生一方面需要坚定理想信念，自觉将个人理想和价值取向转化成投身中国特色社会主义建设的伟大实践。另一方面需要学会独立思考，具有创新意识。传统教育让独立思考变得困难，附和随从便易平庸。如果我们渴望成功，就需要做出与众不同的努力。作为一名即将加入教师行列的人，最重要的是要具备独立思考的能力，具备分辨是非的能力。要有针对性地吸收弘扬正确劳动价值观的信息，传递积极劳动精神的言论，提高是非优劣的辨别能力，从而帮助自我形成劳动最光荣、劳动最崇高、劳动最伟大、劳动最美丽的“四最”劳动价值观。

（四）笃实

笃实是指行动与实践，是塑造劳动价值观的保障。

师范生需要爱岗敬业，热爱教育事业。辛勤劳动、爱岗敬业是一种对事业全身心的投入，一种不悔追求的信念，一种拼搏奋斗的动力。无论是什么职业，爱岗敬业都是最基本的要求，而作为“人类灵魂工程师”的教师，更是应当以身作则，以严肃、认真的态度对待教学工作，尽职尽责，培养职业光荣感，承担起自己的责任。著名教育家陶行知曾说：“捧着一颗心来，不带半根草去”，意思是教师在工作中应不求回报，在平凡的岗位上播撒爱心，表达了一种无私奉献的高尚精神。教师的职业是平凡的，也是不凡的。它平凡在默默无闻地奉献。不凡在关系着千千万万学生和家庭的生活和未来。师范生需要勇于担当自身的教育责任。教师是一个需要责任感的职业，无论是对上下课的时间观，还是对课堂内容的质量，都需要有严格的把握。教师的责任感首先体现在对学生的负责态度上，教育的本质是教书育人，知识的传授是一方面，对学生人格的培养是另一方面。教师要想更充分地利用好课堂时间，就必须在课前做好备课工作，这是老师的责任。育人，即关注学生的人格培养，这也应是教师对自身的责任要求。选择了教师这个职业，其职责就是为人师表，培养好每一个学生。

二、锤炼扎实劳动知识技能

劳动知识技能是指在劳动过程中的知识和技能的应用，这是大学生劳动教育的根本任务，直接影响学生是否能够完成劳动任务。根据《教师专业标准》《教师教育课程标准（试行）》等文件精神，本书认为师范生的劳动知识技能是指在教育教学理论与实践中获得的学科综合能力、教育技术能力以及职业道德水平①，这三方面可以帮助学生站稳讲台，适应社会对教育的需求。

（一）学科综合能力

根据“四有好老师”的国家导向以及基础教育培养“学生发展核心素养”时代要求，师范生应该具有扎实的学科综合能力，成为学生学习知识、创新思维的引路人。

一是把握学科知识。师范生的学科素养应该是熟悉学科知识，具有对学科知识的宏观理解和把握能力，能帮助学生建立知识点间的联系。学科知识是教师教学的基础，是教师学科素养的体现，不容忽视。根据教育部师范类专业认证标准，师范生应该整合学科知识，掌握学科素养内涵，运用学科知识解决问题。以小学教育专业为例，根据未来教育对象小学生的身心发展规

---

① 孟燕平．试论师范生专业核心素养的内涵及提升策略［J］．中国人民大学教育学刊，2018（2）：144－146.

律和特点，该专业师范生应该需要具有广博性的学科知识，如陶冶情操的艺术性知识，与儿童成长发展相关的人文、科学的启蒙性知识，研究学科知识的方法论知识，深耕某一领域的专业知识等。所以，师范生应该以毕业要求和社会需求为导向，提升自身学科知识。

二是形成课程意识。课程意识一般指教师对课程的理解和认识，是影响教育教学质量的重要因素。这就要求师范生既要有上位的课程设计能力，也要有下位的课程执行能力。要具备不同学科知识的复合整合能力，在多学科间建立协同渠道，让学生不仅掌握该学科知识，扩展运用知识解决问题的能力，更关键的是让学生在学习过程中培养方法论、塑造情感态度、提高综合素养，构建系统完整的知识框架。[①]

（二）教育技术能力

教育技术能力是对教师如何“教”的方式方法的把握，是一种将知识的“学术形态”转化成能使教育对象易于理解的“教育形态”能力[②]，俗称教师的“望闻问切”，包含精准掌握学生发展特点和学生发展需求的能力，对课程课堂教学实施的能力，对教学行为的反思能力，对学生成长的指导引领能力。只有具备上述能力，才能促使师范生走进课堂、走近学生。

一是走进课堂。课堂教学是学校教育教学的主阵地，成为“四有”教师，师范生必须走进课堂，站稳讲台，善于把自己所掌握的学科专业知识传授给学生，使学生能够掌握这些知识。[③] 师范生在高校学习期间，应该注重理解掌握应用学科知识及其教学知识，在“三习”教学实践中不断反思、研究、分析教育情境的具体问题，概括总结并形成自身的教育实践策略，提升教育行为能力，形成教育智慧，缩短与现实课堂间的距离。在学校教育的各个环节，包括学校的课堂教学、环境教育、文化建设等领域充分施展教育艺术，促进学生愉快、健康地学习。

二是走近学生。以学生为中心是教育教学的根本理念，学校教育通过教

---

① 谢凡，陈锁明．聚焦教师核心素养 勾勒“未来教师”新形象——中国教育学会小学教育专业委员会 2016 学术年会暨第三届小学教育国际研讨会综述［J］．中小学管理，2016（11）：35－38.

② 王智秋．基于教师专业标准的小学教师职前培养［J］．中国教育学刊，2012（12）：72－76.

③ 顾明远．教师的职业特点与教师专业化［J］．教师教育研究，2004（11）：3－6.

师教育发生效果，因而是否走近学生，是判断教育是否有效的标准尺度。教育是一种感化人心、塑造灵魂的工作，一个好的教育应该能够触摸和关怀到人的心灵和情感。师范生首先应学习掌握教育对象的身心发展特点和规律。其次遵循不同教育对象的身心发展规律和年龄阶段的认知规律，制订个性化的教育策略。教师应以人为本，从学生出发，成为学生发展与成长的引路人和领头人。这种能力的获取，更需要师范生热爱教育，用心去感受教育的美好与价值。

（三）职业道德水平

优秀的职业道德水平，是师范生成为人民教师必须具备的最基本的素养。教师将个人观念、价值观和教学方法融入学科知识，与学生的现有知识结构相互交融，从而展现学科知识的多重教育意义。因此，师范生应当拥有对教育事业的强烈热爱和坚定的职业理想。

一是具备浓厚的职业情感。教师的职业情感是教师对所从事工作的情感体验。观察课堂发现，有些教师上课，学生颇为期待，学生们对这位老师的评价通常是“我们喜欢那位老师，老师也很喜欢我们”。一个优秀的教师首先应该热爱教育、热爱学校、热爱同学，怀有坚定的使命感和积极向上的职业态度。只有热爱这份事业，教师方能乐意奉献，勇于追求个人提升，成为表率，引导学生，维护自我尊严与纪律；才能时刻关心自己所在班级和学生，关注学生健康成长和能力提升，勇于面对各种挑战，承担起培养学生成长的责任。强烈的专业情感能够影响学生成就优异，引领他们走向自己向往的道路，实现心中梦想。专业情感的塑造可以从教师的职业特性、优秀教师的传承、学生的需求中汲取经验与感悟，当然最重要的还是建立起对教师职业的信仰，在法律和伦理的制约下提升教师专业情感，榜样的引领与良好的实践氛围是提升教师专业情感的关键方法。

二是树立崇高的职业理想。教师的职业理想凝聚着教师对教育事业的憧憬、对美好未来的追求和奉献。师范生应当明确自己的职业目标和成长为卓越教师的崇高理想。崇高的职业理想可以促使师范生在教育教学知识、学科知识、教学能力、教学实践等方面进行深入思考，全面掌握相关理论和实践知识，提升学科教学水平。同时，主动研究学科知识向教育知识的转化讲授，深入研究学生的成长规律和心理变化，关注学生的学习方式和教师的行为，并自我评价，持续发展，以不断实现自身目标。在追求教师职业理想的过程中，领会教育既是事业，又是科学和艺术的多维含义。崇高职业理想的形成，源于对未来职业的内在向往，而在师范生高校教育阶段，可以将职业理想拆分为不同层次的目标，并逐步实践，为实现目标而不懈努力。

三、培育积极的劳动精神

劳动精神是在劳动过程中折射出的人文精神，是劳动者在劳动中展现出来的精神状态、精神面貌、精神品质。培育和弘扬积极的劳动精神不仅是对中华民族优良传统美德的继承和发扬，也是伟大时代精神的生动体现。对于营造劳动光荣、劳动伟大的时代风尚，增强适应经济发展新常态下的内生动力，早日实现中华民族伟大复兴的中国梦具有非常重要的意义。师范生作为未来的人民教师，更应带头培育弘扬积极劳动精神，重点在于养成积极的教师劳动情感和教师劳动意识。

（一）教师劳动情感

情感投入程度是影响教师教育教学效果的重要因素，教师只有发自内心地热爱劳动，尊重劳动，才能够积极主动地参与教育教学劳动，实现教学过程与情感发展过程的融合，让教育教学在正向情感中有序推进。习近平总书记曾提道："教育是一门'仁而爱人'的事业，爱是教育的灵魂，没有爱就没有教育。好老师应该是仁师，没有爱心的人不可能成为好老师。""教育风格可以各显身手，但爱是永恒的主题"，"选择当老师就选择了责任，就要尽到教书育人、立德树人的责任，并把这种责任体现到平凡、普通、细微的教学管理之中。"①

作为未来的教师，师范生在接受劳动教育过程中应意识到：教师在劳动教育过程中发挥着主体和主导作用，是劳动教育教学活动的直接组织者；教师自身劳动素养、对待劳动教育的认识和态度、实际开展劳动教育教学的能

① 习近平．学习网评：捧着一颗"心"投身教育事业［N/OL］．新华网，（2021－03－07）［2024－01－09］．http：//www. xinhuanet. com/politics/xxjxs/2021－03/07/c_1127179708. htm.

力，会直接影响中小学生劳动教育效果。“要给学生一杯水，教师必须有一桶水”。教师对劳动情感品质的要求，应比学生有更高标准，因此，师范生应把更高标准的劳动情感品质内化为自身的积极追求。①

师范生培养教师劳动情感的途径和方法，主要包括：提高自我修养、进行理论学习、亲历参与教育实践、向榜样学习和接受良好环境影响等。

第一，提高自我修养，加强自我约束与自我砥砺。马克思主义内因与外因辩证关系原理指出，事物的发展是内因和外因共同作用的结果，内因是事物变化发展的根据，外因是事物变化发展的条件，外因通过内因起作用。因此，师范生要培养教师劳动情感，必须发挥自身的主观能动性，激发内生动力。

第二，进行理论学习。理论讲授是目前高等学校课程教学中运用最广泛、最主要的方法；在加强文本知识传授的同时，高等学校依托思想政治理论课程、教师教育模块课程以及职业生涯规划课程等，融合说理式、启发式、渐进式等教育方法，构建起开展师范生劳动情感教育的有机体系。师范生要通过理论学习强化教师劳动情感，增强教师职业认同，领悟教师职业的高尚伦理精神和实践价值。

第三，亲历参与教育实践。教育实践是评估判断师范生教学水平、教学能力和促进师范生自我发展、自我完善的重要途径。师范生通过参与教育实践，得到了丰富的实践经验，从中得以磨炼职业精神并明确教师职业定位。在与一线师生的互动交流学习中，深刻体会教师这一职业的尊崇和不易，坚定成为卓越教师的决心，教育实践尤其是顶岗实习实践是师范生成长的动力源泉。

第四，向榜样学习，进行情感认同。优秀的教师榜样不仅是师范生加强教师情感劳动的引导者，同时也是师范生职业规划中值得学习模仿的对象。师范生可以关注中宣部、教育部等组织评选出的“全国教书育人楷模”和“最美教师”，也可以寻找身边的教师榜样，向他们学习。

第五，接受良好环境影响。人在具体的社会关系中通过参与社会实践活

---

① 蒋永文．王德强．大学生劳动教育［M］．北京：高等教育出版社，2023：117－125.

动会形成一定的思想。师范生教师劳动情感的形成，离不开其所处环境的熏陶和影响。良好的校园劳动文化环境、风清气正的校风教风学风、尊重师长的校园氛围和崇尚“劳动光荣”“劳动者美丽”“热爱劳动”的社会风尚，都是师范生培养教师劳动情感不可或缺的重要条件。

作为未来的教师，师范生在接受劳动教育过程中应意识到：教师的劳动意识直接影响未来教育对象对劳动价值取向的认识、劳动精神的弘扬以及劳动知识和技能的形成，还会影响未来教育对象的世界观、人生观和价值观的形成。师范生必须意识到自己肩负的责任和使命，在大学时代就为“守好一段渠、种好责任田”做好准备，想方设法激发自身内在的主动性和能动性，围绕立德树人，勤于学习，强化在工作、学习、生活等方面的自立自强意识，行师德，学会教书育人，谋求发展；增强诚实劳动意识，充分彰显实干精神，主动发挥自身在教师劳动意识培养中的主体作用。

（二）加强自我教育

第一，加强对教师劳动的理性认知。劳动者承担着托起中国梦的重任，教师则肩负点亮万千孩子的人生梦想的责任。作为未来教师的师范生，在新形势下应树立正确的教师劳动观，增强对教师劳动的理性认知，这是内化教师劳动观的前提和基础。师范生必须努力学习、探究，不断增强对教师劳动的理性认知，才能以实际行动肩负起时代重任，把个人梦想融入中华民族伟大复兴的事业中去，为党育人，为国育才。

第二，对标“劳模”和“大国工匠”开展自我教育。2020 年，中华全国总工会印发《关于在全面加强新时代劳动教育中充分发挥工会组织作用的指导意见》，指出：深化劳模和大国工匠进校园活动，推动将“劳模进校园”“大国工匠进校园”活动作为大中小学生的劳动教育课程。师范生肩负着为党育人、为国育才的历史使命，要自觉树立吃苦耐劳、甘于奉献的工匠精神，从点滴小事做起，养成脚踏实地做事、兢兢业业工作的劳动习惯；对教师工作应有深沉的爱，加强学习，不断提升自身素质，树立为教育事业奋斗终身的决心。

第三，通过教师劳动实践活动增强个体的劳动自觉性和创造性。作为劳动教育的主体，师范生要想提升教师劳动意识，绝不能只停留在理性认知阶段，而是要进行教师劳动实践。师范生可以通过“三自”进行劳动实践，即自主活动、自主选择、自主发展，并积极参与，有所体验、有所反思、有所创新，在教师劳动实践中学会通过反思发现自身的不足，不断提升自己，为未来进入教师行业准备职业能力。

（三）主动融入高校师范教育

第一，树立全面发展的教师教育理念。劳动创造了人，“整个所谓世界历史不外是人通过人的劳动而诞生的过程，是自然界对人来说的生成过程”。[①] 在此生成过程中，“生产劳动给每一个人提供全面发展和表现自己的全部能力即体能和智能的机会，这样，生产劳动就不再是奴役人的手段，而成了解放人的手段。因此，生产劳动就从一种负担变成一种快乐”[②]，可以说，教育与生产劳动相结合是人的全面发展的唯一途径。劳动在人的全面发展过程中具有奠基性作用。劳动教育的目的是促进学生全面发展，贯穿教育过程始终。师范生接受劳动教育是必修课，对此每一位师范生都应有正确认识。

第二，重视“四有”好老师对自身的榜样示范作用。“四有”好老师，既是新时代党和国家提出的好老师的新标准，也是对教师师德建设的明确要求。师范生对标“四有”好老师，养成教师劳动意识：坚持“有理想信念”的基本标准，不断提高政治理论水平，牢固树立正确的人生观、价值观，投身到为党育人、为国育才的教育实践中去，为实现中国梦贡献自己的力量；坚持“有道德情操”的基本标准，增强为人师表意识，自觉规范自己的言行，德高为师、身正为范；坚持“有扎实学识”的基本标准，时刻保持学习状态，刻苦钻研，不断加强专业理论功底；坚持“有仁爱之心”的基本标准，增强育人意识，能够平等对待学生，包容与关爱学生。[③]

第三，在创新创业教育和实践中培养教师劳动意识。我国要加快制造强

---

① 马克思，恩格斯．马克思恩格斯全集：第3卷［M］．中共中央马克思恩格斯列宁斯大林著作编译局，编译．2版．北京：人民出版社，2002：310

② 马克思，恩格斯．马克思恩格斯选集：第3卷［M］．中共中央马克思恩格斯列宁斯大林著作编译局，编译．3版．北京：人民出版社，2012：681

③ 覃小逢．新时代高校青年教师师德建设研究［D］．长沙：湖南师范大学．2020.

国建设，劳动形态也需要随之升级转变。党的二十大报告中指出，教育、科技、人才是全面建设社会主义现代化国家的基础性、战略性支撑。必须坚持科技是第一生产力、人才是第一资源、创新是第一动力，深入实施科教兴国战略、人才强国战略、创新驱动发展战略，开辟发展新领域新赛道，不断塑造发展新动能新优势。师范生应当认识到创新创业教育的巨大价值，让第二课堂活动成为自身劳动实践场域，抓住大学生创新创业训练计划项目、创新创业竞赛等一切机会，积极主动开展创新劳动，参加创新创业实践，在创新劳动中不断发挥更大的价值。

（四）积极参与社会实践

师范生应学会借助各种社会力量，亲身参与、亲历实践，在劳动中形成正确的教师劳动意识。

师范生在校期间可以通过参与校园内的公益劳动、勤工助学、暑期社会实践活动等“三下乡”等服务性劳动、大学生志愿服务活动等积累职业经验，养成自觉的教师劳动意识，培养创造性劳动能力，用自己的所学知识服务他人、服务社会；可以通过采访、讲座、参加交流会、听报告等形式，与来自教育战线的劳动模范、先进工作者等开展面对面的交流，聆听他们的事迹，学习劳模精神，增强参与教师劳动实践的动力，培养教师的劳动意识。

当前我国正在实施乡村振兴战略，师范生尤其应当有主动深入基层、深入乡村教育一线、到祖国需要的基层教育岗位工作的意识，发扬甘于奉献、艰苦奋斗、守正创新的精神，有“留下来、坐得住、干得稳”的教师劳动意识，助力国家发展。

第二节　劳动教育的践行实践

一、专业实践

师范生劳动教育的专业实践主要是指师范专业特有的教育教学实践，是师范专业实践环节的必修课程，是师范生从大学生成长为合格教师的核心环节，贯穿师范教育培养的全过程，包括师德体验、教学实践、班级管理实践、教研实践等全面形成全方位的教育实践内容体系。① 通过劳动教育的专业实践，师范生深入教育一线，亲身体验教育的价值和意义，形成良好的职业道德和操守，并将理论知识应用于实际教学，提高教育教学专业素养。师范生的教育实践主要包括教育见习、教育实习与教育研习等一体化、递进式的“三习”。

（一）教育见习

教育见习是教育实践的第一步，意味着师范生开始以专业的身份正式踏入教师行业。

教育见习一般是在师范生入校后的第一年内完成，利用一定的时间进入中小学和幼儿园等教育单位中进行观摩和实践，强调以体验为基础，通过师德体验、教学组织见习、课堂教学见习、班级管理见习等四个模块，了解职业道德规范，感悟教育情怀，了解课堂教学基本流程和要求，熟悉班级管理基本内容和主要程序，对中小学和幼儿园教师的职业生活有初步体验，并在体验的基础上进行反思和交流，为下一步教育实习乃至未来从事教师工作做准备。目前各高校利用“双导师制”，调动地方资源，引进校外师资力量，为师范生的“专业认知”和“教学观摩”提供了更广阔的平台。

目前的教育见习存在学生主体性意识不强等问题，教师的专业角色意识有待提高，对教育见习阶段的学习目的、学习计划不是很明确，教育体验倾向于情景式的、稍纵即逝的浅层体验，无法激起持久的教育动机。故师范生在教育见习阶段，应该明确见习目标，在见习中，重点观察、体验“是什么”类的教育现象、教育问题，以见习目标为导向，通过小组讨论、个人反思、集中研讨等多种形式开展教育反思总结，逐步形成“为什么”“怎么办”的研究习惯和研究思维，为下一步专业实践打好基础。

（二）教育实习

如果说教育见习是通过观察、体验达到感受和了解，那么教育实习则是通过操作、实践实现巩固和发展，这是专业实践的核心环节。

---

① 杨必武，尚继武，朱凯．师范生教育研习的问题与改进策略［J］．湖北工程学院学报．2018，38（1）：82－85.

师范生在更长的实习时间内，亲身体验“教师”角色，通过完成教学实习、课外活动实习、班主任工作实习以及教育研究实习方面等方面的任务，全面实践中小学和幼儿园的教学工作和班级管理工作。巩固和发展专业基础知识和基本技能，提高学生独立从事教育教学的能力，培养教育研究能力，增强热爱教育事业的朴素情感，提高当好人民教师的光荣感和责任感。并结合实习单位需求和自身实践经历、感悟，为高校实习指导教师提供意见反馈，为高等师范院校进一步改进教学提供可靠依据。

教育实习能否发挥教育功效在于：是什么样的经验，要用什么样的方式运用这些经验才可能使经验产生拓展教育智慧与引导合理的实施方法的价值。① 故师范生在实习过程中应该深入理解课程内容的逻辑和要点，为学生提供科学系统的知识；掌握多种教学方法和手段，如讲授、讨论、案例分析等，并能够根据学生的需求和特点灵活运用；有效开展班级管理实践，不断学习如何组织和引导班级活动，如何与学生和家长进行有效的沟通，如何处理学生的行为问题等；积极参与教育研究，提高教育研究能力，为当下教育教学和职后发展提供基础保障；组织课外活动，学习调动学生的积极性，如何解决活动过程中出现的问题等；熟练掌握教育教学技术手段，学习如何将信息技术与教育教学相结合，从而提高教学效果和学生的学习兴趣。

（三）教育研习

教育研习是师范生将见习、实习过程中的见闻进行系统反思研究的专业训练，旨在提升师范生的研究反思能力和教育教学能力。教育研习有以下三个特点。

一是研习过程的全程性。高等师范院校在人才培养中一直注重培养和提升师范生的教育研究意识、教育研究素质和教育研究能力。师范生在进行教育见习和实习后，通常会对一些教育现象和教育问题进行集中讨论和交流，这是师范生教育研习的重要组成部分，但并非教育研习的全部内容。

二是研习内容的丰富性。包括养成良好师德与教师人格操守研习；教育

---

① 王秋绒．教师专业社会化理论在教育实习设计上的蕴义［M］．台北：台北师大书苑有限公司，1991：64.

教学理论与教书育人现场对接研习；课程教学设计与课堂教学艺术研习；班级管理理念与育人策略研习；教育研究思想武装与著书立说方法研习，等等。

三是研习方式的多样性。包括利用信息技术参与远程教育的实践、观摩和交流；学习研究性课程；开展教育与教学课题（专题）研究；进行微格模拟教学；交流见习、实习经验与评析成果，等等。

通过开展教育研习活动，可以增强师范生对教育研究的认识和能力，帮助他们更好地参与教育教学工作并逐步形成良好的师德素养和职业认同。此外，还可以使师范生更好地理解和掌握教育教学知识，提升他们在教育教学的设计与实施能力、班级管理能力和学生指导能力，为师范生未来从事基础教育工作和持续进行专业发展奠定坚实的基础。

故师范生在教育实习时应该构建多层次的教育反思，注重教学理念、教学方法、教学手段、教学实施、教学评价等多维度一体化的觉察、内省，通过反思记录、合作互助学习等方式开展多渠道反思。以笔者所在的浙江省为例，近年来，中小学开始尝试 STEM 教育、Tinker 教育、创客教育，如小学科学课程中，关于船的研究章节，运用了技术与工程知识，将简单的创意转化为模型或事物，学生经历“问题—设计—制作—测试—完善”的技术与工程学习过程，也利用摄影、录像、文字与图案、绘图或事物，表达创意与构想，这是创造性、智慧型的劳动过程，符合新时代劳动教育的特征。[①] 师范生应该主动了解中小学教育教学改革方向，在实习实践中有效地将劳动与教育相结合，面临真实的教育情境和问题，独立思考，积极研究，寻求有效的解决方案，提升专业能力和竞争力。

教育见习、教育实习、教育研习体现了培养师范生的专业实践取向，是师范生实践课程的一大创新改革，有利于师范生将已获得的学科专业知识、技能和教育科学知识运用在未来中小学和幼儿园教育、教学和研究工作上，全面提高职业素养。

---

① 朱斌凤．毕洪东．基于工程思维培养的师范生劳动教育课程设计思考［J］．课堂教学，2023（27）：96.

二、社会实践

社会实践承载着新时代高等教育的价值与使命，是帮助大学生树立劳动价值观、增强劳动能力、培育劳动意识的有效途径。社会实践有广义和狭义之分，广义层面是指人类认识和改变世界的一切活动，而本书所指的社会实践主要从狭义上界定，专指大学生在真实情景中，通过亲身参与社会活动来提升职业素养、职业能力，践行劳动精神和服务精神的复合型实践活动。主要分为勤工助学、志愿服务、公益活动等三大类。

（一）勤工助学

勤工助学是指学生在高校的组织下，利用课余时间通过劳动取得合法报酬，用于改善学习和生活条件，并积累社会工作经验的一种实践活动，是贯彻教育与生产劳动相结合，加强大学生思想政治教育的有效途径。通过勤工助学可以帮助大学生进一步了解国情，自觉坚定跟党走中国特色社会主义道路；帮助大学生养成自立、自强、艰苦奋斗的良好作风；帮助大学生掌握生产知识和劳动技能，并且能够以个人所得的劳动报酬弥补和解决部分学习与生活费用，对构建和谐校园、促进社会公平正义有积极作用。

1. 勤工助学的方式和途径

勤工助学活动由学校统一组织和管理，不提倡学生私自在校外兼职。学生在学有余力的前提下，向学校提出勤工助学的申请，接受必要的勤工助学岗前培训和安全教育，再由学校统一安排到校内或校外的岗位上进行勤工助学活动。学生在校外开展勤工助学活动时，须经学校授权，与用人单位、学校签订具有法律效力的协议书。

2. 勤工助学的岗位类型

参加勤工助学活动，是大学生自我锻炼、自我挑战、实现自强自立的有效途径。大学生可以通过校内学校组织的形式，参加勤工助学活动。校内勤工助学岗位类型主要有以下几类。

工勤类主要包括：教学楼、办公楼、实验室、楼道、卫生间及公共区域的卫生保洁等。

教辅助理类主要包括：教学教务助理、实验室助理、图书管理员等。

行政助理类主要包括：校园文明督察、辅导员助理、学生宿舍楼层长等。

信息技术类主要包括：校报编辑、档案资料整理、校园广播管理等。

综上所述，师范生参加勤工助学活动，一方面可以增强自身的责任感；另一方面可以锻炼自身的劳动能力，在实践中挑战自我，使自己在生活中自立自强，成为一个对家庭、对社会有用的人才。

（二）志愿服务

苏霍姆林斯基曾提出要“关注劳动的崇高道德性及其明确的公益目的性”，这指出劳动本身内含服务奉献的精神价值。大无畏的奉献精神是社会责任感的集中体现，是践行社会主义核心价值观的应有之义。青年学生作为社会主义事业的建设者和接班人，肩负着实现中华民族伟大复兴的时代使命，更应树立正确的劳动价值观，主动承担社会责任，在帮助他人的过程中，使自身的价值在奉献中得以提升。大学生志愿服务既是一种特殊的社会实践形式，又是一种劳动实践，是指学生组织、学生个人自愿付出时间精力，无偿为社会或者他人提供帮助的公益性、服务性行为。志愿服务劳动实践的形式丰富多样，包含但不限于以下四类。

1. “三支一扶”中的支教工作

“三支一扶”计划指大学生在毕业后到农村基层从事支农、支教、支医等工作。“三支一扶”计划自 2006 年实施以来，采用公开招募、自愿报名、组织选拔、统一派遣的方式，选派高校毕业生到基层从事服务，为促进农村基层教育、农业、卫生等社会事业的发展、建设社会主义新农村和构建社会主义和谐社会做出了卓越贡献。

“三支一扶”计划的实施过程主要包括组织招募和对大学毕业生工作期间的管理服务两方面内容。对服务期满考核合格的大学生，颁发由人事部统一印制的《高校毕业到农村基层服务证书》，作为服务期满后享受相关就业优惠政策的依据。

2. 大学生志愿服务西部计划

大学生志愿服务西部计划，是教育部根据国务院常务会议、《国务院办公厅关于做好 2003 年普通高等学校毕业生就业工作的通知》和 2003 年全国高校毕业生就业工作电话会议精神的要求而实施的。该项计划从 2003 年开始实施，按照公开招募、组织选拔、集中派遣的方式，每年招募一定数量的高校应届毕业生或在读研究生，到西部基层开展为期 1～3 年的教育、卫生、农技等志愿服务工作，鼓励志愿者服务期满后扎根当地就业、创业。

3. “青年红色筑梦之旅”

“青年红色筑梦之旅”活动是中国“互联网+”大学生创新创业大赛的重要实践活动，旨在鼓励大学生扎根中国大地了解国情民情，接受革命传统教育，用创新创业成果服务乡村振兴战略，走好新时代青年的新长征路。2017 年 8 月 15 日，习近平总书记给“青年红色筑梦之旅”大学生回信，深切勉励大学生“把激昂的青春梦融入伟大的中国梦”，“扎根中国大地了解国情民情，在创新创业中增长智慧才干，在艰苦奋斗中锤炼意志品质，在亿万人民为实现中国梦而进行的伟大奋斗中实现人生价值，用青春书写无愧于时代、无愧于历史的华彩篇章”。①

师范生可以积极参与中国“互联网+”大学生创新创业大赛“青年红色筑梦之旅”项目的申报与实践活动，充分运用自己的所学、所知和所能开拓思维，发挥创造力，对接革命老区经济社会发展需求，围绕“青春之歌”“红色记忆”“筑梦踏实”三个主题开展志愿服务，用知识和本领帮助农民发家致富，依托创业项目助推农村经济发展，推广普惠教育，助力乡村振兴，教育共富。

4. “三下乡”

“三下乡”是指文化、科技、卫生下乡，是各高校在暑期开展的一项意在提高大学生综合素质的社会实践活动。该活动是为了让大学生以志愿者的身份深入农村，传播先进文化和科学技术，体验基层民众生活，调研基层社会现状。

师范生积极参加“三下乡”活动，利用教育学、心理学等专业知识，关注留守儿童，开展情绪疏导、艺术启蒙、体育活动、创新思维训练等文体活动，了解基层教育实际情况，增强社会责任感和历史使命感。

---

① 中华人民共和国教育部．习近平回信勉励第三届中国“互联网+”大学生创新创业大赛“青年红色筑梦之旅”的大学生［R/OL］．（2017-08-15）［2024-01-09］．http://www.moe.gov.cn/jyb_xwfb/s6052/moe_838/201708/t20170815_311187.html.

（三）公益活动

师范生除参加上述四类志愿服务外，还可以参加公益性社会实践活动。通过理论宣讲、环境保护、助残敬老、关爱留守儿童、专业服务、社区服务等主题性公益活动，扎根中国大地，弘扬奉献精神，发挥青春正能量，培养社会责任感和为人民服务的意识。[①] 公益活动的形式丰富多样，包含但不限于以下11类。

大型活动服务：为各级政府机构组织开展的大型社会公益活动提供现场引导、信息咨询、语言翻译、礼仪接待、团队协调、应急救助、技术指导、秩序维持等服务；

社会公共服务：为党政部门及社会机构提供秩序维持、群众教育、情绪疏通等服务；

生活帮扶服务：为各类弱势群体如孤寡老人、病残人员、外来流动人员等提供必需的物资、关心关爱和文化娱乐活动；

支教助学服务：为贫困地区提供支教、捐赠、普惠教育、文化下乡等服务；

法律服务：为公民、法人或其他组织提供相关政策法规的宣传、讲解等；

环境保护服务：组织开展各类节能减排、护水护绿、防治污染等环保活动，并开展环保知识宣传服务；

科技普及服务：包括各种科普知识传播、技术推广和运用等服务；

治安防范服务：包括治安宣传、治安巡逻、公共财物看护、禁赌禁毒、社区矫正和防范违法犯罪等服务；

公共文明引导服务：针对公共场所各类不文明行为，提供劝导、引导和纠正等服务；

群众文化服务：提供文化活动、文化培训和文艺演出等服务。

当地社区服务：师范生可以结合专业所长，在当地社区开展推广普通话，指导中小学生学习现代汉语的基本知识，促进他们语言文字的规范应用。可以为幼儿园、小学组织一些课外的学习活动，邀请感兴趣的学生参加

---

① 陈行．大学生劳动教育理论与实践［M］．北京：高等教育出版社，2022：149－155.

活动，为幼儿园和小学的课后延时服务助力。

社会实践中，师范生可以深入社会，调整角色期望，体会到劳动的艰辛不易以及劳动的价值意义，真正感悟劳动之美，以社会劳动实践来实现自身发展，满足日益增长的美好生活需要。

三、生活实践

生活实践是指立足个人日常生活事务，培养基本的生活能力和良好的生活习惯的劳动实践。生活是衣食住行的集合，生活中离不开劳动，我国著名教育家陶行知先生强调“滴自己的汗，吃自己的饭，自己的事情自己干”，说的就是每个人都要立足自身生活需要，脚踏实地，从身边的事情做起，养成热爱劳动的良好习惯，历练基本的生活技能，强化自立、自律、自强的意识。笔者将从师范生个人生活劳动和集体生活劳动两个方面进行讲述。

（一）师范生个人生活劳动

1. 增强自理意识

根据前文所述，高校大学生的个人生活劳动意识和能力存在着问题，部分学生在校期间存在不叠被、不铺床、不洗衣、个人物品不收纳、垃圾随处乱扔等不良现象，在家中不做家务，不分担家庭责任，这些现象不仅影响宿舍和家庭的环境卫生，也影响个人形象，甚至有损身体健康。师范生作为未来教师，承担引导人、启发人、教育人的责任，应该围绕个人独立生活所必需的劳动要求，熟练掌握基本的生活技能，如洗衣烹饪、卫生打扫、整理收纳、简单维修等。增强自立意识，尽量不依赖他人和父母是最基本的要求。

2. 形成健康的身心素质

健康的身心素质是人类个人生存和发展的基本条件，教师作为一个辛苦的职业，尤其对于中小学教师而言，工作内容包括教育教学、学生管理、课外活动、思想政治教育等诸多方面，在负责教学之余还需负责学生的情绪、心理、思想、生活等一系列事情，这都需要教师具备充沛的精力和持久的耐力，从而保证教育事业的发展和社会的进步。“立国先立人、立人先立德、立德先立心，已成为当今有识之士的共识。”①师范生应坚定教育信念，养成良好的生活习惯，加强体育锻炼，提高身体素质，悦纳教师职业，磨炼教师品格，师范生不应止于“传道、授业、解惑”，应结合当前中小学生心理特点，做学生锤炼品格的引路人。

3. 注重教师职业礼仪修养

“不知礼，无以立也”。教师的职业劳动是传播、创造人类文化、文明的先进思想，其职业的特殊性决定，作为一名合格的教师不仅要有卓越的品德修养，还要有为人师表的外在形象。教师职业礼仪是指教师在教育教学工作中待人接物、为人处世的行为规范，是教师自身良好职业道德修养的表现，师范生应充分认识到教师职业礼仪修养的重要性，发挥主观能动性，主动接受礼仪规则、礼仪态势和语言的系统训练，基本做到举止不出格，谈吐不失礼，交往不失态。除此之外，还应重点加强教师入学礼仪、教师着装礼仪、课堂教学礼仪、拜师访友礼仪的学习、训练与践行等，以“最美教师”等师德标兵为榜样，将礼仪修养内化为师德师风，从而促进知行合一。

（二）师范生集体生活劳动

1. 打造文明寝室

寝室是学生学习、生活、休息的重要场所。寝室环境的建设直接体现大学生的精神面貌和个人素质，直接关系学生的身心健康。室友关系的相处也考验着师范生“班级管理”、人际沟通与交往的能力。

（1）寝室形象方面

窗几明亮、地板清洁、物品整洁的寝室环境能够让居住者在工作和生活的各个方面都处于健康状态。大学生的寝室是集体性寝室，空间不大，个人活动空间有限，这就要求每个人都要树立起维护环境卫生的“共识”，而师范生更应作为学生榜样，竞选“寝室长”，发挥好“寝室长”的带头作用，引导室友树立起维护环境卫生的“共识”，共同维护好个人空间和公共空间的安全和卫生；坚持以“勤俭节约、艰苦奋斗”的态度理性消费，绿色消

① 于淑云，黄友安．教师职业道德、心理健康和专业发展［M］．北京：首都师范大学出版社，2007：108－120.

费，减少个人不必要物品的采买与堆积，合理有序收纳个人物品；发挥师范专业特色美化寝室，比如用书法作品、美术作品、手工作品装扮美化寝室。

(2) 寝室文化方面

大学寝室是学生共同生活的地方，不但是个人的“安乐窝”，还是大家交流沟通相处的场所，是所有人应当共同维护的“家”。第一，无规矩不成方圆。寝室集各种性格特征的人于一室，需要定好“寝室公约”作为共同的生活行动指南，明确规定作息时间、规范宿舍行为、界定义务责任、制订劳动计划，并确保所有寝室成员遵守规定，维护集体利益。第二，师范生应做好寝室成员和谐相处、团结友爱的引路人和守护者，以“班级指导”的毕业要求标准主动促进寝室精神面貌养成、寝室劳动攻略制订与实施，在日常生活劳动中培养团队合作精神，提升沟通合作能力。第三，利用师范专业，打造书香寝室、学霸寝室、运动寝室、音乐寝室、科创寝室、自强寝室等特色寝室，树立寝室“品牌”。

2. 打造绿色校园

习近平总书记曾提到“绿水青山就是金山银山”，强调优美的生态环境就是生产力，就是社会财富，突显生态环境在经济社会发展中的重要价值。绿色校园的建设强调在校园内推动环境保护、环保教育、资源节约、绿色科研等方面的可持续发展实践，以促进校园的可持续发展，提升师生的环保意识，形成绿色生活方式。

绿色校园文化方面。绿色校园是宣传新发展理念的重要阵地，高校负有义不容辞的育人责任，应积极创造“绿色文化”软环境，培养学生的节能环保意识，使学生树立“持续发展”责任心。首先，师范生提高认识，加强对绿色可持续发展理念的学习与认同，掌握绿色理念形成发展的历史背景和时代价值。其次，师范生要积极参与校园环保行动，如垃圾分类、节约用水、节能减排等，提高环保的主体参与意识，培养良好的环保习惯。最后，争做环保达人、环保榜样，勇于承担环境保护的责任。

绿色校园宣传方面。师范生经过系统教育教学实践训练，使文字撰写能力、语言表达能力、组织策划能力均有较大提升，可以承担起绿色校园“宣传大使”的角色。首先，挖掘校内资源，组建环保社团、开办环保竞赛、悬挂宣传横幅、张贴宣传海报、发布微信推文，利用校内线上线下等多渠道进行环保知识、环保意义和环保做法等的宣传，提高宣传影响覆盖面。其次，挖掘校外资源，主动走入企业，走进社区，走向民众，通过参与社会活动、组织环保活动等方式，增强环保意识、提高环保参与度，共同推动环境保护和可持续发展的目标。在参加践行绿色校园的建设中不仅可以历练劳动品质，增强集体主义观念，还可以体验“小集体，大能量”的集体荣誉感。

第三节　劳动教育的终身持守

一、劳动幸福观

一部人类社会发展的历史就是一部劳动的历史，也是一部人们通过劳动追求幸福的历史。马克思主义认为幸福不是虚无缥缈的存在，而是通过真真切切的劳动创造出来的。劳动幸福观是指人们对劳动和劳动幸福的根本看法和态度，以及如何理性地获取劳动幸福的价值判断和情感认知，作为一种思想层面的价值选择体系，能够对人们通过劳动追求幸福的行为产生一定的导向作用。在马克思劳动幸福观的指引下①，人们能够形成正确的劳动态度，在劳动过程中真正地实现个人价值，体会到幸福的真谛。

（一）生理层次的幸福

人实现劳动幸福的第一来源在于满足生存和发展的需求。正如马克思认为的那样，“人们为了能够‘创造历史’，必须能够生活。但是为了生活，首先就需要吃喝住穿以及其他一些东西。因此第一个历史活动就是生产满足这些需要的资料，即生产物质生活本身，而且，这是人们从几千年前直到今天单是为了维持生活就必须每日每时从事的历史活动，是一切历史的基本条件。”② 劳动不仅可以创造人类的生存和发展条件，还可以给人们带来愉悦、满足和幸福感。为了促进人类自身的生理结构和机能的发展，人们需要消费

① 王永章．马克思劳动幸福观的三个层次［J］．思想理论研究．2019（9）：39－44．
② 马克思恩格斯文集：第一卷［M］．北京：人民出版社，2009：531．

劳动产品，通过消费劳动产品，人们可以满足自身的生理需求，从而获得生理层次的幸福和享受，然而需要注意的是，这种幸福感是短暂和低层次的，不能贪图无度。西方的物质主义、消费主义和利己主义等常常以个人的消费、享受和占有作为幸福的标准，这是我们应该识别和避免的。消费量不是衡量幸福感本身的标准。人类的根本目的是不断生产和发展，只有符合人类本身生存和发展的趋势，符合社会进步的需要，才能满足特定主体的实际需求。只有符合人类本质目标和需求的活动，才能称得上是幸福快乐的，否则就是不幸福的。

（二）“主客体关系”层次的幸福

劳动幸福不仅体现在消费领域，更应该在生产领域得到实现，通过劳动创造幸福，即通过主体改造客体的劳动过程使人实现幸福。主要表现为：一是，劳动者这一主体对劳动产品的获得感和确证自身本质的幸福感。人类通过劳动改变客观世界，实现了自身对环境的主动改造。劳动创造的产品不仅满足人们的物质需求，更是一种精神上的享受，当人们通过劳动创造出丰富的物质产品时，他们展现了自身的价值，同时收获了丰收的喜悦，提升了劳动的愉悦感和满足感，获得了一种在消费中无法获得的成就感和幸福感。二是，主体在劳动过程中，获得体验美、感知美、创造美的幸福感。人不仅在劳动中按照美的规律来构造客体，创造出丰富多彩的美的产品，人还能在主体客体化的生产劳动过程中获得体验美、感知美、创造美的幸福，人按照美的规律来建设美好生活的自由度越大，达到的美的层次就越高，获得的美的享受就越多，幸福感就越强烈。

（三）“人与人关系”层次的幸福

《资本论》中马克思关于劳动二重性的重大发现，标志着他的劳动幸福哲学达到了顶峰。劳动不仅具有自然物质属性，也具有社会关系属性，劳动生产物品时，也生产了人与人之间的社会关系。只有通过与他人分享和交换，人们创造的劳动产品和劳动幸福才能得到实现。劳动二重性主要体现在，通过人与自然的物质变换过程创造出一个劳动产品来实现自己的目的，满足人的需要；此外，劳动是为他劳动而非自我劳动，一个人的劳动价值必须通过其他人在消费和欣赏他的产品时得以实现。只有通过服务别人并建立人与人之间的社会联系，劳动才能创造真正的价值，从而带来真正的幸福。[①] 马克思认为，“为人类工作”是个人获得并真正享受自身幸福的正确途径。“如果我们选择了最能为人类福利而劳动的职业，那么，重担就不能把我们压倒，因为这是为大家而献身；那时我们所感到的就不是可怜的、有限的、自私的乐趣，我们的幸福将属于千百万人，我们的事业将默默地、但是永恒发挥作用地存在下去，而面对我们的骨灰，高尚的人们将洒下热泪。”[②]

（四）师范生践行劳动幸福观

马克思倡导的劳动幸福观认为，尊重劳动是最重要的。习近平总书记曾指出：“幸福不会从天而降，梦想不会自动成真。实现我们的奋斗目标，开创我们的美好未来，必须紧紧依靠人民、始终为了人民，必须依靠辛勤劳动、诚实劳动、创造性劳动。”[③] 要成为一名合格的教师，首先，师范生应形成正确的劳动幸福观，“吾日三省吾身”，提高自身的认识，将个人的劳动幸福与职业幸福融为一体，培养幸福感并带给学生幸福。其次，要以自己的劳动热情，成为真正的实干幸福家，展现出“教书匠”的匠心精神，通过努力工作并享受劳动的过程向学生示范“幸福是奋斗出来的，是劳动创造出来的”，从而潜移默化地影响、感染、熏陶和带动学生。最后，应重视学生个体差异，关注他们的内在需求，有针对性地进行劳动教育工作，这样教育者的劳动成果才能被学生所认可，教育者的努力才能转化为学生的内在能量，推动学生的成长，让学生在成长过程中感受到教育者生产劳动带来的幸福与快乐。

劳动是人与动物相区别的根本所在，尤其是自由自觉的创造性劳动更是人的本质体现，也是获得幸福的动力之源。首先，师范生应领会认同创造性劳动实践的意义与价值，提高创新创业的思想自觉，提升服务创新性国家发展战略的行为自觉。其次，利用社会实践的广阔平台，践行创造性劳动，积

① 王永章．马克思劳动价值在人工智能时代的指导意义［J］．北方论丛，2018（1）：114－117.

② 马克思恩格斯全集：第四十卷［M］．北京：人民出版社，1982：7.

③ 习近平．习近平在同全国劳动模范代表座谈时的讲话［N］．人民日报，2013－4－29.

极参与各级各类创新创业竞赛，如“互联网+”大学生创新创业大赛，“创青春”中国青年创新创业大赛等，将创新知识、创新能力、创新精神等转化为行动，运用于劳动中，从而创造出更具社会价值的劳动产品，造福社会。

二、劳动法律观

依法治国，建设社会主义法治国家是我国社会主义现代化建设的重要组成部分，提高全民的法律素养是我国实现现代化和依法治国的基本要求。遵守法律法规是每个公民的基本义务，对于师范生来说更是如此。劳动法律法规既是保障劳动者权益的重要法律依据，也是维护社会公平正义的基石。培养师范生的劳动法律观念，有助于提升师范生的法律素养，做到依法从教、依法执教，维护教师职业的尊严。

（一）劳动法律相关内容

劳动法律的内涵丰富多样，主要包括以下几个方面。

（1）劳动法律平等：强调劳动者与企业之间在法律地位上的平等，即劳动者享有与企业平等协商、签订劳动合同、参与企业管理等权利。

（2）劳动法律权益：强调劳动者享有合法权益，包括工资待遇、工作时间、休假休息、劳动安全等方面的权益。

（3）劳动法律义务：强调劳动者在享有权益的同时，还需承担相应的法律义务，如履行劳动合同、遵守企业规章制度等。

（4）劳动法律规范：强调劳动法律对劳动关系的调整，包括劳动合同的签订、履行、变更、解除和终止等环节。

（5）劳动法律实践：强调劳动法律在实际工作中的应用，如劳动争议的处理、劳动监察的实施等。

劳动法律的主要内容包括以下几个方面。

（1）劳动法律基本原则：包括劳动平等原则、自愿协商原则、公平公正原则、保护劳动者权益原则等。

（2）劳动法律制度：包括劳动合同制度、工资支付制度、工时制度、休假制度、劳动安全卫生制度等。

（3）劳动法律实践：包括劳动争议处理、劳动监察、劳动培训等。

(4) 劳动法律权益保障：包括劳动者权益保障、女性劳动者权益保障、未成年劳动者权益保障等。

(二) 教师的权利与义务

我国现行的三部教育法律法规——《中华人民共和国教育法》《中华人民共和国教师法》《中华人民共和国义务教育法》明文规定了教师依法享有的权利和必须履行的义务。

教师的权利是指我国具有法人地位的各级各类学校和其他教育机构的教师，依照法律规定所享有的权利，是教师在教育教学中依法享有的权益，是国家对教师应该做和不应该做的行为的明确规定。根据三部教育法律法规，我国教师的权利主要包含以下几个方面：教育教学权、科学研究权、指导评价权、获取报酬权、民主管理权、进修培训权。为保障义务教育教师质量，《中华人民共和国义务教育法》特别规定了义务教育教师的资格、职务制度，义务教育教师应当取得国家规定的教师资格，国家建立统一的义务教育教师职务制度。同时《中华人民共和国义务教育法》鼓励城市学校教师和高等学校毕业生到农村地区从事义务教育工作。

教师的义务是指教师依照《中华人民共和国教育法》《中华人民共和国教师法》《中华人民共和国义务教育法》等法律的规定，必须履行的责任，表现为教师必须做出一定的行为或不得做出一定的行为。具体表现在以下几个方面：遵守宪法、法律和职业道德的义务；完成教育教学工作的义务；进行思想品德教育的义务；关心爱护学生，促进学生全面发展的义务；保护学生合法权益，促进学生健康成长的义务；不断提高思想觉悟和教育教学水平的义务。

(三) 违反教育法律的法律责任

教师要依法从教，一旦违反法律规定，就要依法承担法律责任。为保证教师权利和义务的落实，维护《中华人民共和国教育法》《中华人民共和国教师法》《中华人民共和国义务教育法》权威，法律法规对有关违法行为的法律责任做出了明确规定。有关教师方面违反法律法规的法律责任主要有两类，即侵犯教师权益的法律责任和教师违法行为的法律责任，其法律责任主要有民事责任、行政责任和刑事责任。

侵犯教师权益的法律责任主要包括以下三个方面的内容：侮辱、殴打教师的法律责任；拖欠教师工资或侵犯教师其他合法权益的法律责任；打击报复教师的法律责任。

教师违反行为的法律责任主要包括以下内容：故意不完成教育教学任务给教育教学工作造成损失的；体罚学生，经教育不改的；品行不良、侮辱学生，影响恶劣的；弄虚作假行为，如《教师资格条例》规定的教师有"弄虚作假、骗取教师资格的"情形，由教育行政部门给予撤销教师资格，自撤销之日起5年内不得重新申请认定教师资格；参加教师资格考试有作弊行为的，其考试成绩作废，3年内不得参加教师资格考试。《教学成果奖励条例》规定，"弄虚作假或者剽窃他人教学成果获奖的，由授奖单位予以撤销，收回证书、奖章和奖金，并责成有关单位给予行政处分"。教师有与科研有关的弄虚作假行为，除承担相应的行政责任外，还有可能承担相应的民事责任或刑事责任。

（四）提高劳动法律意识

法律意识包括法律知识、法律情感、法律意志和法律信仰。法律信仰是社会主体在对法律现象进行理性认知的基础上产生的一种神圣体验，体现了他们对法律的真诚认同和依赖，是对法律的理解和情感的高度融合，是主体对法律的主观心理状态的最高境界。① 激发学生的自我觉醒，内心形成对劳动法律的信仰是提高学生劳动法律意识的关键。首先，师范生应该加强劳动法律相关知识的多渠道学习，一方面使用专业必修课程教学获取劳动法律知识，如"思想道德修养与法律基础""大学生创新创业教育""大学生职业生涯规划"等课程在不同程度都涉及劳动法律知识的讲授，另一方面，通过网络教学、知识竞赛、辅修专业等多渠道了解、掌握劳动法律知识，提升劳动法律知识素养。其次，师范生应积极参与社会实践，深入了解社会现实和劳动者的生产生活情况，加深对劳动法律法规的理解和认识。

（五）维护自身劳动权益

大学生作为劳动者，既享有法律规定的权利，同时也应承担法律赋予的

---

① 刘旺洪．法律意识论［M］．北京：法律出版社，2002：78－80.

义务，大学生的劳动权益受《中华人民共和国民法》《中华人民共和国劳动法》《中华人民共和国仲裁法》等法律保护，同时师范生因独特的职业属性，又受《中华人民共和国教育法》《中华人民共和国教师法》《中华人民共和国义务教育法》等我国现行教育法律法规的约束和保护。首先，师范生应提高对用人单位合法性的鉴别能力。在选择兼职单位、实习单位和就业单位时，通过官方渠道做好企业的基础背调。其次，师范生应提高对协议书内容真实性的鉴别能力，通过对法律知识的学习，加强对劳动协议、劳动合同的基本鉴别能力，留意工资给付时间与方式，是否存在潜在的欺骗行为等。最后，师范生应具备勇于维权的态度和立场，在遇到劳动纠纷等问题时，学会运用法律手段解决问题，维护自己的合法权益。同时，也要勇于保护自己的学生，这种依法维权的精神不仅能够保护自己的利益，更能促进社会的公平正义。

三、劳动人生观

马克思认为，构成人类赖以存在的现实世界的关键要素之一正是人的劳动。劳动是人类与自然相互作用的过程，人类通过劳动改造自然，从自然中获取人类生存的必要产物，也从改造自然的劳动活动获得人生价值感、满足感，进而在劳动中实现人生的升华。劳动是人类确认自身存在本质的过程，通过这一过程，人与劳动之间实现了类本质的统一。[①] 因此，劳动可被视为实现人生价值的根本途径。

劳动人生观，本质上是指个体对劳动的认知与心态，这一观念在一定程度上决定了其在劳动过程中的行为表现及心理状况。师范生的劳动教育的最终瞄点在于深刻影响师范生的内在观念，帮助他们摒弃错误的劳动观念、抛弃错误的劳动人生观，全面认识劳动的价值以及劳动对个人生存与发展的重要意义。因此，师范生应当认真而严谨地学习正确的劳动人生观，并将其理论应用于实践之中。

---

① 何云峰. 从劳动作为人的类本质的视角看劳动幸福问题［J］. 劳动哲学研究，2017（8）：52－53.

如何看待劳动的价值是树立积极劳动人生观的第一课。认为劳动是一种创造人生价值、实现人生升华的方式，或是认为劳动只是一种体力上的负担和痛苦，这将会影响一个人在所有劳动活动中的主动性和积极性。① 针对两种截然不同的观点，一方面，当劳动被视为一种能激发人的正向情感产生的积极活动时，它便能促使师范生积极投入更多的时间精力到劳动实践中，从而充分激发个体潜能，获取更多的劳动技能，实现自我价值。当处于这一认知背景下时，师范生在培养自己的师范技能、培育自己的劳动奋斗精神以及未来的教育工作事业实践时，便会展现出积极态度，主动寻求创新与突破，并将具体的劳动成果视为自我人生价值的体现。这样既有助于实现自我技能提升和价值实现，也有利于为未来的教育事业及社会做出贡献。另一方面，一旦劳动被单纯视为一种沉重而无用的负担和肉体痛苦来源时，师范生往往会对劳动产生抵触和厌烦情绪。在这种消极观念影响下，师范生便极为容易在劳动实践中陷入消极、被动的状态，对劳动成果缺乏进取心，甚至产生逃避的心理。这种错误的劳动人生观不仅限制了个人发展，还对社会的和谐稳定产生了负面影响，尤其是师范生，作为即将成为教育者的群体，这种错误的劳动人生观是绝对不能存在的。

因此，师范生须认识到劳动的多样性，理解劳动并非单纯重复性操作与体力消耗，而是涵盖创新、思考及解决问题的全过程。师范生应当将劳动视为一种社会责任并且培养对于劳动的美感和乐趣的感受能力。在此基础上，师范生方能全面领悟劳动的价值，从而确保自身对劳动价值的认知准确无误，树立积极向上的劳动人生观。

如何理解劳动的目的，同样也是树立积极劳动人生观的重要内容。对于劳动的目的的认知仅局限于单纯地满足生活需求、追求个人成就，或是重视其对人的成长价值作用，将其作为实现自我提升的重要人生模块。不同的劳动目的，也会在极大程度上影响师范生的劳动动力。马克思主义教育理念的核心要素之一，便是倡导教育与生产劳动的紧密结合，与此同时，这一理念

---

① 胡君进，檀传宝. 马克思主义的劳动价值观与劳动教育观——经典文献的研析［J］. 教育研究，2018（5）：9－10.

也始终贯穿于我党一贯秉持的教育方针。[①] 广大师范生作为将来我国教育事业的主力军，他们必须具备坚定的教育信仰，发自内心地认同教育事业的伟大意义，身心一致地为培养社会主义接班人而不懈奋斗。因而师范生应当加强自身的劳动思想理念教育，树立为了实现我国教育事业蒸蒸日上而不断提升自我、积极实践、终生奋斗的劳动目标。

师范生必须严格把控自身的思想教育理论中劳动价值的认识。若无法准确把握劳动的价值，或未能确立积极向上的劳动目标，必将对师范生的劳动实践态度产生严重影响，也就无法树立正确的劳动人生观。因此，在劳动实践过程中，师范生应始终坚持不懈地追求劳动态度的端正与升华，从而培养积极向上的劳动人生观。

第一，师范生在确立正确的劳动人生观时，应着力于强化对劳动教育理论的研究，吸收先进的教育理念与经验，以奠定坚实的理论基础。例如，通过文献研读，我们能够了解到人类对提高生活质量、实现自我价值以及从劳动中获得尊严与神圣感的内在需求，以及对劳动的天然好奇心和兴趣，共同构成了劳动育德的重要内在驱动力。同时，国家发展与民族复兴的宏大目标，以及智能化时代对劳动者素质的必然需求，成为劳动育德不可或缺的外在动力。[②] 掌握了这些理论知识，我们便能认识到树立正确劳动人生观的内外在驱动力，从而明确诸多研究方向，助力我们更好地学习理论知识并践行正确的劳动人生观。

第二，师范生在树立正确的劳动人生观时，应将劳动态度与职业素养紧密结合。师范生作为教育行业未来接班人，应当深刻地理解学习劳动教育的内涵，深入认识到劳动教育在自身发展以及学生成长过程中占据的重要地位，并且在心中鲜明树立好“以身作则、为人师表”的职业精神，将勤奋劳动、重视劳动成果作为自身劳动实践理念的重要组成部分，既是为了培养自己的优良品格、提高自我的德行修养，也是为了给未来的学生树立一个良

---

① 曲霞，刘向兵．新时代高校劳动教育的内涵辨析与体系建构［J］．中国高教研究，2019（2）：73－75.

② 岳海洋．新时代加强高校劳动教育的价值意蕴与实践路径［J］．实践研究，2019（3）：100－101.

好的榜样，传递正确的价值观和人生观。通过自身的劳动实践积累经验，将实践经验运用到未来的教学事业中，例如组织学生参与劳动实践，引导他们深刻认识劳动的价值与乐趣，进而培养他们尊重劳动、热爱劳动的良好习惯，为促进其全面发展奠定坚实基础。

第三，师范生在树立正确的劳动人生观时，应当注重劳动教育的实践模式的创新。当今时代正处在科技飞速发展、社会持续繁荣的阶段，劳动教育的形式与内容也在持续不断地更新着，不断地丰富、不断地发展。因而这一时代特征对劳动教育提出了新的要求和挑战。师范生应当站在时代的前沿，积极探索将现代劳动教育和新兴科技信息技术相融合的实践路径，利用现代科技手段，发挥自己的创意、挖掘劳动教育的潜能，提高劳动的趣味性，提高劳动给人带来的愉悦感，提升劳动教育的吸引力，培养学生热爱劳动、享受劳动的态度，并同时激发学生的创新精神和实践能力，进而提高劳动教育的实效。树立好自己的劳动人生观，也培育好未来学生的劳动人生观。

习近平总书记指出："劳动是财富的源泉，也是幸福的源泉。人世间的美好梦想，只有通过诚实劳动才能实现；发展中的各种难题，只有通过诚实劳动才能破解；生命里的一切辉煌，只有通过诚实劳动才能铸就。"① 作为新时代的师范生，树立正确的劳动人生观是自我劳动教育也是自我人生教育的重中之重。唯有树立积极向上的劳动人生观，才能更好地投入到社会实践和社会劳动中，实现对未来教育行业建设者和接班人的优质培养。

---

① 习近平．习近平在同全国劳动模范代表座谈时的讲话［N］．人民日报，2013-04-29.

参考文献

[1] 庄子·让王 [M]. 北京：中华书局，2010.

[2] 高清海. 文史哲百科词典 [M]. 长春：吉林大学出版社，1988.

[3] 舒新城. 辞海 [M]. 上海：上海辞书出版社，2009.

[4] 胡君进，檀传宝. 马克思主义的劳动价值观与劳动教育观——经典文献的研析 [J]. 教育研究，2018 (5)：9 -26.

[5] 习近平. 人民对美好生活的向往就是我们的奋斗目标 [N]. 人民日报，2012 -11 -16.

[6] 习近平. 在庆祝“五一”国际劳动节暨表彰全国劳动模范和先进工作者大会上的讲话 [N]. 人民日报，2015 -04 -29.

[7] 中共中央 国务院关于全面加强新时代大中小学劳动教育的意见 [N]. 人民日报，2020 -3 -27.

[8] 严怡，石定芳. 新时代高校劳动教育指导 [M]. 重庆：西南大学出版社，2022.

[9] 柳友荣，吴长法. 大学生劳动教育 [M]. 北京. 北京师范大学出版集团，2023.

[10] 高举中国特色社会主义伟大旗帜　为全面建设社会主义现代化国家而团结奋斗——在中国共产党第二十次全国代表大会上的报告 [N]. 人民日报，2022 -10 -26.

[11] 王彦庆. 新时代大学生劳动教育研究 [D]. 哈尔滨：哈尔滨师范大学，2021：87 -90.

[12] 习近平. 在知识分子、劳动模范、青年代表座谈会上的讲话 [N]. 人民日报，2016 -04 -30 (2).

[13] 束舒娅，孙静，柳友荣．劳模成为劳动教育师资的可为与应为［J］．中国人民大学教育学，2023（1）：146－149.
[14] 赵健杰，刘向兵．论新时代高校劳动教育的课程建设［J］．北京教育（高教），2020（2）：14－17.
[15] 钟飞燕．新时代学校劳动教育研究［D］．长春：吉林大学，2021：110－117.
[16] 张龙．高校劳动教育的课程建设、体系构建与创新发展［M］．北京：化学工业出版社，2021.
[17] 张串串．师范专业认证背景下师范生实践教学体系研究［D］．宜昌：三峡大学，2021：64－66.
[18] 高巍，刘瑞．师范专业认证视角下高师院校教育实践基地建设存在的问题及对策［J］．教师发展研究，2018，2（4）：51－56.
[19] 陈欣，黄芙蓉．师范专业通识课程思政育人路径创新研究［J］．学校党建与思想教育，2020（8）：88－90.
[20] 李珂．劳动教育是思想政治教育的应有之义［J］．求是，2018（9）.
[21] 杨小军．新时代高校劳动教育探究［M］．北京：中国社会科学出版社，2022.
[22] 刘丽红，曲霞．论高校创新创业教育与劳动教育的同构共生［J］．中国青年社会科学，2020，39（1）：104－108.
[23] 董伟武，龚春宇．新时代高校劳动教育探讨［J］．学校党建与思想教育，2020（24）：26－28.
[24] 齐振东．新时代大学生劳动精神培育研究［D］．哈尔滨：哈尔滨师范大学，2023：30－42.
[25] 卢心悦．新时代大学生劳动教育研究［D］．上海：华东师范大学，2020：33－40.
[26] 戴家芳，朱平．论对劳动教育成效的评价［J］．中国德育，2017（9）：34－38.
[27] 王本陆．课程与教学论［M］．北京：高等教育出版社，2009.
[28] 曾平生．习近平家庭建设观研究［D］．南昌：南昌大学，2020：12.

[29] 马克思恩格斯全集：第四十七卷［M］．北京：人民出版社，2004.
[30] 马克思恩格斯文集：第一卷［M］．北京：人民出版社，2009.
[31] 习近平谈治国理政：第二卷［M］．北京：外文出版社，2017.
[32] 习近平谈治国理政：第一卷［M］．北京：外文出版社，2018.
[33] 习近平．习近平出席全球妇女峰会并发表讲话［N］．人民日报，2015－09－28.
[34] 高杰．发挥好家庭在劳动教育中的基础作用［J］．中国民族教育，2020（5）：7.
[35] 周思瑶．小学生家庭劳动教育的现状与改进策略研究［D］．长沙：湖南师范大学，2021：30－47.
[36] 郭梅英．大学生劳动教育现状及对策研究——以内蒙古六所高校为例［D］．呼和浩特：内蒙古师范大学，2021.
[37] 付彩霞．家庭氛围量表的编制及信效度检验［D］．广州：广州大学，2023.
[38] 冯志珣．司马光《家范》研究［D］．西安：陕西师范大学，2008.
[39] 李志刚．中华传统家范融入社会主义核心价值观研究［D］．南京：江苏师范大学，2019.
[40] 屈万里．尚书集释［M］．上海：中西书局，2014.
[41] 尔雅［M］．北京：中华书局，2016.
[42] 焦循．孟子正义［M］．北京：中华书局，1987.
[43] 孙希旦．礼记集解［M］．北京：中华书局，1989.
[44] 汪荣宝．法言义疏［M］．北京：中华书局，1987.
[45] 杜莹君．苏霍姆林斯基论劳动教育在全面发展教育中的作用［J］．河北大学学报，1994（3）：7
[46] 孙俊三．家庭教育学基础［M］．北京：教育科学出版社，1991.
[47] 顾明远．教育大辞典增订合编本［M］．上海：上海教育出版社，1998.
[48] 赵忠心．家庭教育学［M］．北京：人民教育出版社，1994.
[49] 缪建东．家庭教育社会学［M］．南京：南京师范大学出版社，1999.

[50] 黄乃毓．家庭教育［M］．台北：台湾五南图书出版公司，1996.
[51] 马和民，高旭平．教育社会学研究［M］．上海：上海教育出版社，1998.
[52] 李松涛．家庭教育的社会支持研究［D］．沈阳：辽宁师范大学，2014：28－35.
[53] 黄楠森等．人学词典［M］．北京：中国国际广播出版社，1990.
[54] 吴铎，张人杰．教育与社会［M］．北京：中国科学技术出版社，1991.
[55] 杨宝忠．大教育视野中的家庭教育［M］．北京：社会科学文献出版社，2003.
[56] 习仲勋纪念文集［M］．北京：中央党史出版社，2013.
[57] 郭庆藩．庄子集释［M］．北京：中华书局，2006.
[58] 赵荣辉．劳动教育：儿童确证自我的媒介［J］．教育学术月刊，2011（10）：6－9.
[59] 李琳．谈谈家庭劳动教育对形成孩子优良品德的意义［J］．江西教育科研，1997（6）：56.
[60] 习近平．高举中国特色社会主义伟大旗帜为全面建设社会主义现代化国家而团结奋斗［N］．人民日报，2022－10－26（1）.
[61] 何云峰．劳动幸福论［M］．上海：上海教育出版社，2018.
[62] 吴雯婷．非物质文化遗产保护视角下的师徒传承制［D］．上海：华东师范大学，2016.
[63] 林利佳．中国传统手工技艺家传中的代间关系探究［D］．福州：福建师范大学，2018.
[64] 张晶．师传·时代·用笔——《历代名画记》评析之二［J］．名作欣赏，2020（1）：127－132.
[65] 习近平在同全国劳动模范代表座谈时的讲话［N］．人民日报，2013－04－29（1）.
[66] 郑银凤．“90后”大学生劳动观教育研究［D］．成都：西南交通大学，2017.
[67] 冯瑞龙，詹杭伦．华夏教子诗词［M］．成都：天地出版社，1998.

[68] 夏征农，陈至立．辞海［M］．上海：上海辞书出版社，2009.
[69] 曾钊新．论家风［J］．社会科学辑刊，1986（6）：4.
[70] 王泽应．中华家风的核心是塑造、培育与树立正确的价值观［J］．上海师范大学学报（哲学社会科学版），2015，44（4）：5－11.
[71] 顾莉．以家风建设促进社会主义核心价值观培育研究［D］．扬州：扬州大学，2019.
[72] 李佳娟．新时代家风构建研究［D］．苏州：苏州大学，2020.
[73] 庞清．新时代大学生家风教育现状及优化路径研究［D］．桂林：广西师范大学，2023：67.
[74] 张煜．论师风师德建设在高校思想政治理论课中的重要性［J］．学校党建与思想教育，2014（15）：84.
[75] 王颖，王毓珀．师德师风建设：概念辨识及行动要义［J］．教师发展研究，2021（2）：34.
[76] 郝博．石家庄市幼儿园体育教师师德师风建设调查研究［D］．石家庄：河北师范大学，2023.
[77] 李楠．传世家训家书宝典［M］．北京：西苑出版社，2006.
[78] 翟博．中国家训经典［M］．海口：海南出版社，2002.
[79] 陈苏珍．以红色家风涵养当代大学生价值观研究［D］．福州：福建师范大学，2021.
[80] 中共中央文献研究室，中央档案馆《党的文献》杂志社．红书简［M］．太原：山西人民出版社，2001.
[81] 中共中央文献研究室．老一代革命家家书选［M］．北京：中央文献出版社，1990.
[82] 习近平．坚持中国特色社会主义教育发展道路培养德智体美劳全面发展的社会主义建设者和接班人［N］．人民日报，2018－09－11（1）.
[83] 洪晓畅．新时代高校实践育人协同创新研究［D］．长春：东北师范大学，2022.
[84] 靳玉乐，张铭凯．新时代中国特色社会主义教育思想体系的核心理念［J］．西南大学学报（社会科学版），2020，46（1）.

[85] 郑刚，杨雁茹．中国教育制度优越性的基本定位、根本依据和提升策略［J］．西南大学学报（社会科学版），2021，47（1）．
[86] 王秀杰，邱吉．劳动教育思想的历史嬗变与价值创生进路［J］．河南师范大学学报（哲学社会科学版），2022，49（5）：150－156．
[87] 潘春阳，吴柏钧．构建公平合理的收入分配制度：新中国七十年探索［J］．中央社会主义学院学报，2022（4）：158－171．
[88] 韩喜平，何况．分配制度变革何以推动共同富裕现代化［J］．广西师范大学学报（哲学社会科学版），2021，57（6）：1－9．
[89] 班建武．新时代劳动教育社会支持的现实挑战及应对路径［J］．中国电化教育，2021（11）：1－6．
[90] 檀传宝，郭岚．劳动教育是一种社会建构——论作为社会教育的劳动教育［J］．教育科学研究，2023（2）：5－11．
[91] 房欲飞．大学生领导力教育：美国高校和社区互动的新载体［J］．国外高等教育，2008. 03：143
[92] 杨爱华．新时代大学生社区育人面临的挑战与优化路径［J］．思想教育研究，2021（5）：154－157．
[93] 邓若伊，蒋忠波．网络传播与大学生社会主义核心价值观的建构．［J］．西南民族大学学报，2011（11）：172—176．
[94] 曾黎．自律是大学生网络道德教育的着力点［J］．教育探索，2007（12）：65－67．
[95] 户可英．大学生社会主义核心价值观教育方法研究［M］．北京：新华出版社，2016．
[96] 习近平：切实保持和增强政治性先进性群众性开创新形势下党的群团工新局面［N］．人民日报，2015－07－08（1）．
[97] 大力加强新时代学生团员、少先队员劳动教育［N］．中国青年报，2020－06－30．
[98] 安巧珍．从“教育与生产劳动相结合”到“劳动教育”的逻辑进路［J］．广西社会科学，2022（3）：97－104．
[99] 周光礼．论劳动教育在高等教育中的价值定位［J］．劳动教育评论，

2020 (1): 31 - 41.

[100] 鞠玉翠. 追寻劳动的教育美学意蕴 [J]. 教育学报, 2018, 14 (5): 55 - 62.

[101] 杨琳. 地方师范院校劳动教育的发展指向与实践生成 [J]. 赣南师范大学学报, 2023. 44 (5): 119 - 124.

[102] 张铭凯, 王潇晨. 师范生劳动教育: 价值诉求、核心内容与基本方略 [J]. 黑龙江高教研究, 2020 (12): 17 - 21.

[103] 刘向兵, 赵明霏. 构建新时代高校劳动教育体系的理论逻辑与实践路径 [J]. 中国高教研究, 2020 (8): 62 - 66.

[104] 屠兴勇. "知识整体理论" 的基本假设及理论贡献——基于知识与管理的认识论视角 [J]. 社会科学, 2011 (6).

[105] 许群, 黄培森. 师范生劳动教育: 内涵意蕴、价值突现与实践路径 [J]. 四川文理学院学报, 2023 (9): 101 - 105.

[106] 中共中央文献研究室. 习近平关于青少年和共青团工作论述摘编 [M]. 北京: 中央文献出版社, 2017.

[107] 孟燕平. 试论师范生专业核心素养的内涵及提升策略 [J]. 中国人民大学教育学刊, 2018 (2): 144 - 146.

[108] 谢凡, 陈锁明. 聚焦教师核心素养勾勒 "未来教师" 新形象 [J]. 中小学管理, 2016 (11): 35 - 38.

[109] 王智秋. 基于教师专业标准的小学教师职前培养 [J]. 中国教育学刊, 2012 (12): 72 - 76.

[110] 顾明远. 教师的职业特点与教师专业化 [J]. 教师教育研究, 2004 (11): 3 - 6.

[111] 蒋永文. 王德强. 大学生劳动教育 [M]. 北京: 高等教育出版社, 2023.

[112] 覃小逢. 新时代高校青年教师师德建设研究 [D]. 长沙: 湖南师范大学, 2020.

[113] 杨必武, 尚继武, 朱凯. 师范生教育研习的问题与改进策略 [J]. 湖北工程学院学报, 2018, 38 (1): 82 - 85.

[114] 王秋绒．教师专业社会化理论在教育实习设计上的蕴义［M］．台北：台北师大书苑有限公司，1991.

[115] 朱斌凤．毕洪东．基于工程思维培养的师范生劳动教育课程设计思考［J］．课堂教学，2023（27）：96.

[116] 于淑云，黄友安．教师职业道德、心理健康和专业发展［M］．北京：首都师范大学出版社，2007.

[117] 王永章．马克思劳动幸福观的三个层次［J］．思想理论研究，2019（9）：39－44.

[118] 王永章．马克思劳动价值在人工智能时代的指导意义［J］．北方论丛，2018（1）：114－117.

[119] 刘旺洪．法律意识论［M］．北京：法律出版社，2002.

[120] 何云峰．从劳动作为人的类本质的视角看劳动幸福问题［J］．劳动哲学研究，2017（8）：52－53.

[121] 曲霞，刘向兵．新时代高校劳动教育的内涵辨析与体系建构［J］．中国高教研究，2019（2）：73－75.